Student Activities Manual

Workbook/Lab Manual Activities
Cecilia Boggio

Video Manual Activities
Cinzia Noble

Percorsi

L'Italia attraverso la lingua e la cultura

FRANCESCA ITALIANO   **IRENE MARCHEGIANI**

University of Southern California

SUNY—Stony Brook

PEARSON
Prentice Hall

world
Languages

UPPER SADDLE RIVER, NEW JERSEY 07458

Senior Acquisitions Editor: *Rachel McCoy*
Publisher: *Phil Miller*
Editorial Assistant: *Alexei Soma*
Editorial Coordinator/Assistant Developmental Editor: *Jennifer Murphy*
Director of Marketing: *Kristine Suárez*
Senior Marketing Manager: *Denise Miller*
Marketing Coordinator: *Bill Bliss*
Director of Editorial Development: *Julia Caballero*
Development Editor for Assessment: *Melissa Marolla Brown*
Senior Managing Editor (Production): *Mary Rottino*

Associate Managing Editor (Production): *Janice Stangel*
Production Supervision: *Nancy Stevenson*
Media/Supplements Editor: *Meriel Martínez*
Senior Media Editor: *Samantha Alducin*
Senior Operations Supervisor: *Brian Mackey*
Operations Specialist: *Cathleen Petersen*
Cover Art Director: *Jayne Conte*
Composition/Full-Service Project Management: *Assunta Petrone, Preparé Inc.*
Printer/Binder/Cover Printer: *Bind-Rite Graphics*
Typeface: *12/13.5 Perpetua*

10 9 8 7 6

ISBN 0-13-154653-8 / 978-0-13-154653-0

Pearson Education LTD.
Pearson Education Singapore, Pte. Ltd
Pearson Education, Canada, Ltd
Pearson Education-Japan
Pearson Education, Upper Saddle River, New Jersey

Pearson Education Australia PTY, Limited
Pearson Education North Asia Ltd
Pearson Educación de Mexico, S.A. de C.V.
Pearson Education Malaysia, Pte. Ltd

Contents

CAPITOLO

PRELIMINARE	Tanto per cominciare	1
1	Come va, ragazzi ?	11
2	Che bella la vita da studente !	25
3	Mi riconosci?	43
4	Giorno per giorno	61
5	Ecco la mia famiglia	77
6	Casa mia, casa mia. . .	93
7	Che hai fatto di bello?	111
8	Ti ricordi quando?	125
9	Buon divertimento!	139
10	Che ricordo splendido!	157
11	E dopo, che farai?	171
12	La vita che vorrei	185
13	Dove andiamo in vacanza?	197
14	Quante cose da fare in città!	211
15	Alla salute!	223
16	Gli italiani di oggi	237
GRAMMATICAL EXPANSION	Ancora un po'	249

CAPITOLO

Preliminare

Tanto per cominciare

PERCORSO I
ITALIAN PRONUNCIATION AND SPELLING: THE ITALIAN ALPHABET

 P.01 L'alfabeto. Listen to each letter of the Italian alphabet and repeat it after the speaker.

a / b / c / d / e / f / g / h / i / l / m / n / o / p / q / r / s / t / u / v / z

 P.02 Le lettere straniere. Write the five letters of the alphabet that only appear in foreign words. Then listen and repeat them after the speaker.

1. _____   2. _____   3. _____   4. _____   5. _____

 P.03 Le lettere dell'alfabeto. Listen to the sounds of the following letters and write each letter you hear.

1. _____	4. _____	7. _____	10. _____
2. _____	5. _____	8. _____	11. _____
3. _____	6. _____	9. _____	12. _____

Le vocali

 P.04 Ascolta e ripeti: le vocali. Listen to and compare the English sounds with the approximately equivalent sound in Italian. Then repeat them after the speaker.

	English	Italian
a	f<u>a</u>ther	st<u>a</u>
e	d<u>ay</u>	s<u>e</u>ra
e	p<u>e</u>t	s<u>ei</u>
i	mach<u>i</u>ne	l<u>i</u>bro
o	c<u>o</u>ld	n<u>o</u>me
o	s<u>o</u>ft	n<u>o</u>ve
u	r<u>u</u>le	t<u>u</u>

Le consonanti

 P.05 Ascolta e ripeti: le consonanti *b, f, m, n,* **e** *v.* Listen to and compare the pronunciation of the consonants *b, f, m, n,* and *v,* which are pronounced the same as in English, except that in Italian they are articulated more clearly. Then repeat them after the speaker.

	English	Italian
b	bat	batto
f	fable	favola
m	mad	matto
n	nephew	nipote
v	veil	velo

 P.06 Ascolta e ripeti: le consonanti *c* **e** *g.* Listen to the pronunciation of these consonants, which can have a soft or hard sound, depending on the letter that follows them. Then repeat the words after the speaker.

c	cena	cinema	
c	casa	cosa	cute
ch	che	chi	
g	gelo	gilda	
g	gatto	gola	guardia
gh	ghetto	ghibellino	

 P.07 Ascolta e ripeti: le consonanti *d* **e** *t.* Listen to the following pairs of words and compare the sound of the consonants *d* and *t.* They are almost identical to the English pronunciation, except that the tongue is closer to the upper teeth, and unlike in English, *t* is never aspirated. Then repeat the words after the speaker.

	English	Italian
d	debt	debito
	dictator	dittatore
t	telephone	telefono
	too	tu

 P.08 Ascolta e ripeti: *gli* **e** *gn.* Listen to the sounds of these Italian consonant combinations. Then repeat each word, imitating the speaker's pronunciation.

gli	figlio
	ciglio
	foglio
gn	cognome
	giugno
	pegno

P.09 Ascolta e ripeti: la consonante *h*. Listen to and repeat the following words that begin with the consonant *h*, which is always silent at the beginning of a word.

h	ho
	hai
	hanno
	hotel

 P.10 Ascolta e ripeti: la consonante *l*. Listen to the following pairs of words, paying attention to the pronunciation of the consonant *l*. It is similar to English, but is pronounced with the tongue closer to the upper teeth. Then repeat the words after the speaker.

	English	Italian
l	letter	lettera
	lesson	lezione
	telephone	telefono

 P.11 Ascolta e ripeti: la consonante *p*. Listen to and compare the following pairs of words, paying attention to the pronunciation of the *p*. In Italian, unlike in English, it is never aspirated. Then repeat the words after the speaker.

	English	Italian
p	Peter	Pietro
	personal	personale
	present	presente

 P.12 Ascolta e ripeti: *qu*. Listen to the sound of the Italian *qu*, and then repeat each word after the speaker.

qu	questione
	quaderno
	quadro
	quota

 P.13 Ascolta e ripeti: la consonante *r*. Listen to and compare the following pairs of words, paying close attention to the sound of the *r*, which in Italian is trilled. To pronounce it, the tip of the tongue is flapped on the ridge behind the upper teeth. Then repeat each word after the speaker.

	English	Italian
r	Rome	Roma
	rose	rosa
	rare	raro

P.14 Ascolta e ripeti: la consonante *s*. Listen to and repeat the sound of the consonant *s*, which is pronounced like the English *z*, *s*, or *sh*, depending on the letters that follow and precede it.

s	fra<u>s</u>e
	ca<u>s</u>a
	Pi<u>s</u>a
	Li<u>s</u>a
	<u>s</u>vago
sc	<u>sc</u>uola
	na<u>sc</u>ita

Le consonanti doppie

 P.15 Ascolta e ripeti: le consonanti doppie. Listen to and compare the following pairs of words, paying attention to the pronunciation of double consonants, which is longer and more forceful than a single consonant. Notice how the vowel that precedes a double consonant becomes shorter. Then repeat the words, imitating the speaker's pronunciation.

ca<u>m</u>ino	ca<u>mm</u>ino
le<u>g</u>o	le<u>gg</u>o
se<u>t</u>e	se<u>tt</u>e
pe<u>n</u>a	pe<u>nn</u>a

 P.16 Come si scrive? You will hear six full names spelled out. Write them on the lines provided.

1. _____ _____

2. _____ _____

3. _____ _____

4. _____ _____

5. _____ _____

6. _____ _____

P.17 Come si chiamano? You will hear the full names of four famous people spelled in Italian. Write them on the lines below.

1. _____ _____

2. _____ _____

3. _____ _____

4. _____ _____

P.18 I nomi italiani. Now listen to the names you just wrote and pronounce them after the speaker.

P.19 Dettato. You will hear pairs of words dictated twice. Listen and write the words you hear on the lines provided. Then repeat each word after the speaker.

1. _____ / _____

2. _____ / _____

3. _____ / _____

4. _____ / _____

5. _____ / _____

6. _____ / _____

7. _____ / _____

8. _____ / _____

PERCORSO II
USEFUL EXPRESSIONS FOR KEEPING A CONVERSATION GOING

P.20 Espressioni utili in classe. Match each Italian phrase with its English equivalent.

1. Studiate a casa.

2. Leggete la risposta.

3. Avete capito?

4. Prendete un foglio.

5. Ripetete la frase.

6. Aprite il libro a pagina 8.

a. Read the answer.

b. Repeat the sentence.

c. Study at home.

d. Open your books to page 8.

e. Get a piece of paper.

f. Did you understand?

P.21 **Ascoltate l'insegnante!** You will hear a teacher give several directions. Next to each picture, write the letter of the command that best describes each scene.

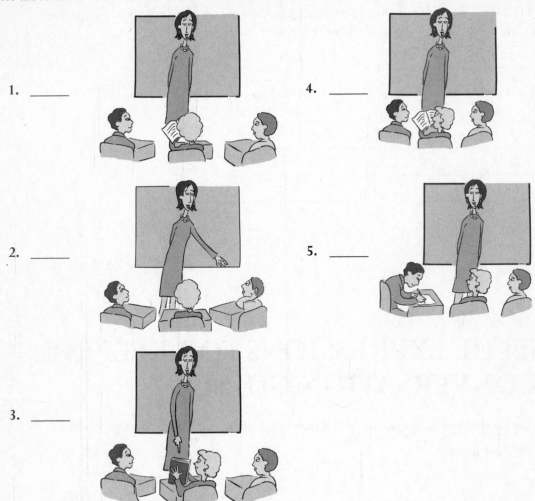

1. _____

2. _____

3. _____

4. _____

5. _____

P.22 **Come si dice?** What would you say in the following situations? Respond in Italian, using the correct expression.

1. You don't know how to spell *Umbria*. _____

2. You didn't hear what your classmate said. _____

3. You don't know what *capoluogo* means. _____

4. You don't know how to pronounce *Perugia*. _____

5. You don't know how to say *island*. _____

6. You don't understand what your teacher explained. _____

P.23 Che cosa vuol dire? What do you think the following words mean? Write the English word next to each Italian cognate.

1. navigare _____
2. manuale _____
3. edizione _____
4. esperto _____
5. numero _____
6. psicologia _____
7. geometria _____
8. telefono _____
9. necessario _____
10. idea _____
11. intelligente _____
12. cinema _____

P.24 Che cosa vogliono dire? Can you figure out what these services available at an Italian airport mean? On the line next to each Italian word, write the English word that you think it means, using your knowledge of cognates.

1. Informazioni _____
2. Banca _____
3. Controllo passaporto _____
4. Controllo di sicurezza _____
5. Ufficio postale _____
6. Toilette uomo/donna _____
7. Rampa accesso per disabili _____
8. Ristorante _____

ATTRAVERSO LA PENISOLA ITALIANA

P.25 La geografia dell'Italia. Answer the following questions about Italian regions and cities based on the information in Capitolo preliminare.

1. How is the Italian peninsula easily recognized? _____

2. Into how many regions is Italy divided? _____

3. What are the names of the two major islands of Italy? _____

4. Which king united the various states of the peninsula and the islands of Sicily and Sardinia? _____

5. In what year did the unification become final? _____

 P.26 Come si pronunciano? Now repeat the names of the following Italian regions and cities after the speaker.

Regioni	Città
Liguria	Palermo
Sardegna	Torino
Piemonte	Bari
Trentino	Genova
Sicilia	Napoli
Campania	Pescara
Lazio	Trento
Valle d'Aosta	Roma
Puglia	Sassari
Abruzzo	Aosta

P.27 Le regioni e le città. Using the map of Italy provided, write the names of the following famous personalities.

1. An actor from Puglia: _____

2. A famous singer from Abruzzo: _____

3. A politician from Campania: _____

4. A director from Calabria: _____

5. A musician from Molise: _____

6. A sports star from Sicilia: _____

"Ecco alcuni Yankee d'Italia"

LOMBARDIA
Joe Venuti (musicista)

VENETO
Primo Carnera (pugile)
Mario Andretti (pilota)
Gore Vidal (scrittore)

EMILIA-ROMAGNA
Bon Jovi (musicista)
Peter Kolosimo (scrittore)

ABRUZZO
Madonna (cantante)
Quentin Tarantino (regista)
Joseph La Palombara (politologo)
Rocky Marciano (pugile)
Pascal D'Angelo (scrittore)

LIGURIA
Bruce Springsteen (musicista)
Lawrence Ferlinghetti (poeta)

MOLISE
Rocky Graziano (pugile)
Don DeLillo (scrittore)
Henry Mancini (musicista)
Eddie Lang (musicista)

LAZIO
Camille Paglia (scrittrice)
Pier Angeli (attrice)

SARDEGNA
Franco Colombo
(culturista)

PUGLIA
Sylvester Stallone (attore)
Brian De Palma (regista)
Rodolfo Valentino (attore)
John Turturo (attore)
Jennifer Capriati (tennista)

SICILIA
Frank Zappa (musicista)
Frank Sinatra (cantante)
Nick La Rocca (musicista)
Perry Como (cantante)
Tony Scott (musicista)
Chick Corea (musicista)
Frank Rosolino (musicista)
Pete Rugolo (musicista)
John Travolta (attore)
Bob Guccione (editore)
Vincenzo Impellitteri (politico)
Joe Di Maggio (sportivo)
Mario Puzo (scrittore)
Sal Mineo (attore)
Mike Bongiorno (conduttore tv)
Jake La Motta (pugile)
Francis F. Coppola (regista)

CAMPANIA
Robert De Niro (attore)
Fiorello La Guardia (politico)
Alphonse D'Amato (politico)
Jimmy Durante (attore)
Joe Petrosino (poliziotto)
Frank Serpico (poliziotto)
Lee Iacocca (manager)
Mario Cuomo (politico)
Rudolph Giuliani (politico)
Jimmy Roselli (cantante)
Santo & Johnny (musicisti)
Geraldine Ferraro (politico)

CALABRIA
Martin Scorsese (regista)
Gregory Corso (poeta)
Vincent Minelli (regista)
Liza Minelli (attrice)
Sonny Bono (musicista-politico)
Connie Francis (cantante)
Danny De Vito (attore)
Ed McBain (scrittore)
Gay Talese (scrittore)
Timi Yuro (cantante)

Come va, ragazzi?

PERCORSO I
CIAO, SONO. . .

*V*ocabolario: Buongiorno! Come ti chiami? (Textbook pp. 13–17)

1.1 Cosa rispondi? Select the letter of the most appropriate response to each question or exchange.

1. Buongiorno, come va?
   a. A domani.
   b. Bene, grazie.
   c. E tu?

2. Ciao, a domani!
   a. Piacere. Mi chiamo Ugo.
   b. Buongiorno.
   c. Ciao!

3. Ti presento Carlo.
   a. Ciao.
   b. Piacere. Mi chiamo Sandro.
   c. Arrivederci.

4. Buonanotte. Ci vediamo domani.
   a. Sì, a domani.
   b. Buongiorno.
   c. Ti presento Claudia.

1.2 Incontri. Complete the following dialogues by filling in each blank with the correct word or phrase from the word bank.

ti presento	Molto bene	Mi chiamo	come si chiama
Come ti chiami	Le presento	Come sta	

1.   PAOLO: Ciao!

      LUIGI: _____?

      PAOLO: Mi chiamo Paolo, e tu?

      LUIGI: Luigi. Come stai?

      PAOLO: _____, grazie. E tu?

2.   RENATA: Giovanni, _____ Rita.

      GIOVANNI: Piacere.

3.   DOTTOR PASTORE: Buonasera, professoressa. _____?

      PROFESSORESSA LODI: Benissimo, grazie. Dottor Pastore, _____ il professor Agresti.

      DOTTOR PASTORE: Piacere, professore. Scusi, _____?

      PROFESSOR AGRESTI: _____ Antonio Agresti.

1.3 Saluti e presentazioni. You will hear six different greetings. Select the most appropriate response to each greeting.

1. ___
2. ___
3. ___
4. ___
5. ___
6. ___

a. Piacere, Luca.
b. A domani!
c. Abbastanza bene, grazie.
d. Si chiama Fabio.
e. Io mi chiamo Sofia.
f. Piacere.

 1.4 Come si salutano? Listen to the following dialogues. Then write the letter of the dialogue that corresponds to each drawing.

1.  _____

2.  _____

3.  _____

Nome: _____   **Data:** _____

Grammatica

I pronomi soggetto (Textbook pp. 17–18)

1.5 I pronomi soggetto. Select whether each of the following are singular, plural, masculine or feminine. More than one answer may apply.

1. io	Singolare	Plurale	Maschile	Femminile
2. tu	Singolare	Plurale	Maschile	Femminile
3. lei	Singolare	Plurale	Maschile	Femminile
4. lui	Singolare	Plurale	Maschile	Femminile
5. Lei	Singolare	Plurale	Maschile	Femminile
6. noi	Singolare	Plurale	Maschile	Femminile
7. voi	Singolare	Plurale	Maschile	Femminile
8. loro	Singolare	Plurale	Maschile	Femminile
9. Loro	Singolare	Plurale	Maschile	Femminile

1.6 Che pronome usi? Fill in the blanks with the pronouns you would use in the following social situations.

1. You are talking <u>about</u> the following people:
   —il signor Lippi _____
   —la signora Tonello _____
   —Carla e Giulia _____
   —Fabio e Damiano _____
   —tu (*yourself*) _____
   —tu e Sandra _____

2. You are talking <u>with</u> the following people:
   —il professore di italiano _____
   —il dottor Rossi e la dottoressa Vigna _____
   —un amico _____
   —la signora Bonino _____
   —Gianni e Roberto _____
   —una bambina _____

1.7 Tu o Lei? Complete the following brief dialogues with **tu** or **Lei** as appropriate.

1. LUISA: Ciao, Pietro. Come stai?
   PIETRO: Bene, grazie, e _____?

2. SIGNOR LENTINI: Buongiorno, signora. Come va?
   SIGNORA ANTONACCI: Non c'è male. E _____, signor Lentini?

3. ANDREA: Mi chiamo Andrea. E _____ come ti chiami?
   SILVIA: Mi chiamo Silvia.

4. SIGNORA MILANI: Buonasera, dottor Guarnero. Come sta?
   DOTTOR GUARNERO: Bene, grazie, e _____?

1.8 Il presente di *stare*. You will hear four different dialogues that take place at a party. Decide and select whether each dialogue is formal or informal.

1. Formal   Informal
2. Formal   Informal
3. Formal   Informal
4. Formal   Informal

Il presente di *stare*; per chiedere e rispondere (Textbook pp. 18–19)

1.9 Come stanno? Complete the following sentences by filling the blanks with the correct form of the verb **stare**.

1. Giulio, come _____?
2. Paolo e Giovanni, come _____?
3. Signori Rossi, come _____?
4. Signora Gilardini, come _____?
5. Noi _____ bene.
6. Come _____, Patrizia e Lisa?

1.10 Un incontro ai giardini. Dr. Benedetti sees Signor Amarante and his children, Clara and Matteo, at the park and asks how they are. Fill in the blanks with the correct form of **stare**.

DOTTOR BENEDETTI: Buongiorno. Come (1) _____ (voi)?

CLARA E MATTEO: Noi (2) _____ molto bene, grazie.

DOTTOR BENEDETTI: E Lei, Signor Amarante?

SIGNOR AMARANTE: Io (3) _____ abbastanza bene ma mia moglie (*my wife*) (4) _____ male. Ha una brutta influenza.

DOTTOR BENEDETTI: Ah . . .

SIGNOR AMARANTE: E Lei, dottore, come (5) _____?

DOTTOR BENEDETTI: Non c'è male, grazie. Arrivederci.

SIGNOR AMARANTE,
CLARA E MATTEO: Arrivederci, dottor Benedetti!

1.11 Chi parla? Listen to the following statements. For each one, write the missing subject pronoun.

    1. _____

    2. _____

    3. _____

    4. _____

    5. _____

    6. _____

1.12 Come va? Complete each sentence with the correct form of **stare**.

    1. Oggi io e Giulia non _____ molto bene.

    2. Io _____ così così.

    3. Voi come _____ stasera?

    4. Luisa _____ male.

    5. Noi _____ benissimo!

    6. E tu, come _____?

PERCORSO II
LE DATE, I GIORNI E I MESI

Vocabolario: Che giorno è oggi? Qual è la data di oggi? (Textbook pp. 22–23)

1.13 Date importanti da ricordare. Write the dates of the following holidays in Italian.

ESEMPIO: il Natale *(Christmas)*   *il 25 dicembre*

    1. La Festa dell'indipendenza americana   _____

    2. Capodanno *(New Year's Eve)*   _____

    3. San Valentino   _____

    4. *Halloween*   _____

1.14 Trova le parole! Find and select at least ten words, months or days of the week, in the puzzle reading horizontally (both from left to right and from right to left), vertically, and diagonally. Then list them on the lines below.

```
G L E N D A L U N A P O G X D O A G O S T O N I D B E B N I T O Z I
G I O V E D I N A P M A R T I N O E L O R A P A I M X E S I A N D O
E T O P O T E S T E I M A T S E V N A H S A D A C I N E M O D E R P
N A G G O S S T L I E R A I D A M N O V E M B R E N E R G I T M B S
T K L E M Z W I T L U N E D I N S A E R T B I O T U D U V R D E I X
A I R A Z A R Y T E S S O A C N U R G A T B I L T J I I A I A C I D
L O O I M P G A M E M F R V E W B O R L E E D A R A C M O N D A L L
P I E S A A D A L A E L I A M M R C H E M E G S O A B S L O N E O I
O L O G A O R O N O G D J S E F O I A R B B E F N T B A S I A H L S
E G C U M B D Z M T R G T C E N R R C C R O U O A I R T S L I D M C
T U P A T E A T O E S I I P A M N W E O E N G I U G N O N L A A O I
E L B T M L A T N R D D I O I L I O E L S N I D E L O C R E M R U D
N O T T O B R E O T T I M A E S T E E D J A O N T S G E N N A I O N
S A B E L A V E N I A Z C E S S E T T I M A N A V A K I A S P O N O
```

i mesi dell'anno:

_____

_____

_____

_____

i giorni della settimana:

_____

_____

_____

_____

1.15 Le feste italiane. Listen to the dates of six different Italian holidays and write them on the lines provided.

1. il Carnevale _____
2. la Festa della Donna _____
3. la Festa del Papà _____
4. la Festa della Liberazione _____
5. la Festa della Repubblica _____
6. Ferragosto _____

Grammatica

I Numeri da 0 a 100 (Textbook pp. 24–25)

1.16 Che numero è? First, fill in the missing vowels in the words. Then, write the number that corresponds to each word.

ESEMPIO: V _E_ NT _I_   20

1. TR_NT_S_I   _____
2. D_C_OTT_   _____
3. S_D_C_   _____
4. D_C_ _SS_TT_   _____
5. Q_IND_C_   _____
6. C_NT_   _____

1.17 I numeri. You will hear ten numbers dictated. Write them, using numerals.

1. _____   6. _____
2. _____   7. _____
3. _____   8. _____
4. _____   9. _____
5. _____   10. _____

1.18 Quanto fa? Write out the answers to the following math equations in words.

ESEMPIO: uno + quattro = *cinque*

1. venti + diciotto   = _____
2. quaranta − dodici   = _____
3. sessanta + ventidue   = _____
4. ottanta − nove   = _____
5. otto × sette   = _____
6. settantanove + undici   = _____

1.19 La serie di Fibonacci. You will hear the first twelve numbers of the famous Fibonacci number sequence. As you listen, write the missing numbers.

0 - 1 -_____ -_____ -3 -_____ - 8 -_____ - 21 -_____ - 55 -_____ - 144 . . .

PERCORSO III
INFORMAZIONI PERSONALI

Vocabolario: Di dove sei? Qual è il tuo numero di telefono? (Textbook pp. 26–30)

1.20 Qual è la nazionalità? Next to the name of each country, write the corresponding nationality in Italian.

1. Stati Uniti _____
2. Messico _____
3. Corea _____
4. Canada _____
5. Argentina _____
6. Francia _____
7. Germania _____
8. Brasile _____
9. Australia _____
10. Cina _____

1.21 La rubrica. Your address book was ruined in the rain and you are having difficulty reading the information. You call a friend who gives you all the information again. Listen to what he says and fill in the missing items.

Nome	Cognome	Indirizzo	Numero di telefono
1. _____	Martelli	via _____, _____, Firenze	_____/48 48 97
2. Marco	_____	_____ del Popolo, 12, _____	06/_____
3. _____	_____	_____ Massaia,_____, _____	081/_____

1.22 La nazionalità. Write the nationality of the following people.

ESEMPIO: Il signor Pontes è di Rio de Janeiro. È *brasiliano*.

1. Il signor Vasilakis è di Atene. È _____.
2. Ian Ritchie è di Sydney. È _____.
3. La signora Yamaguchi è di Tokio. È _____.
4. Il dottor Lear è di Londra. È _____.
5. Il signor Ruiz è di Madrid. È _____.
6. La professoressa Hansen è di Berlino. È _____.

1.23 Di dove sono? You will hear several people talking about themselves and their families and friends. Select the correct nationality of each person.

1. Io: italiana / americana
   Mio padre: australiano / americano
   Mia madre: francese / irlandese

2. Paul: inglese / francese
   Suo padre: libanese / russo

3. Io: cinese / francese
   La mia amica: tedesca / giapponese

4. Michel: francese / inglese

5. Raúl: spagnolo / messicano

6. Io: coreana / argentina
   Jutta: tedesca / brasiliana

1.24 Italiani famosi. Listen to the following statements about four famous Italian designers and complete the chart with the missing information.

Nome	Cognome	Luogo di nascita	Data di nascita
1. Valentino	_____	Voghera	11 maggio 19_____
2. _____	Armani	_____	_____ luglio 1934
3. _____	Versace	Reggio Calabria	2 _____ 1955
4. Domenico	_____	Polizzi Generosa	_____ agosto 1958
5. _____	Gabbana	_____	14 novembre 19 _____

Grammatica

Il presente di *essere* (Textbook pp. 30–31)

1.25 Essere o non essere. Select all the forms of the verb **essere** in the following dialogues.

1. —Mi chiamo Franco. Piacere.
   —Piacere. Sono Steve.
   —Di dove sei?
   —Sono di Toronto.
   —Ah! Sei canadese. Anche i miei amici Paula e Tim sono canadesi.

2. —Jorge e Juana, siete i nuovi studenti, vero?
   —Sì, professore.
   —Di dove siete?
   —Siamo messicani. E lei professore, di dov'è?
   —Sono americano, ma la mia famiglia è italiana.

1.26 I paesi e le città d'origine. Complete the following sentences with the correct form of the verb **essere**.

1. Io _____ di Firenze.
2. Giuliano _____ di Siena.
3. Io e Carlo _____ italiani.
4. Di dove _____ Rosalba e Mariella?
5. Lui _____ professore.
6. Tu e John _____ americani?
7. Gina, di dove _____ tu?
8. Professore, Lei _____ italiano?
9. Io? _____ francese.
10. Noi _____ tedeschi; loro _____ messicani.

1.27 Chi sono? You will hear a series of statements. For each one, write the correct subject pronoun on the lines provided.

1. _____
2. _____
3. _____
4. _____
5. _____
6. _____

1.28 Presentazioni tra studenti. Listen to the following conversation. For each set of statements, write the form(s) of the verb **essere** that is (are) used.

1. _____
2. _____ _____
3. _____
4. _____
5. _____
6. _____
7. _____

1.29 Qual è la risposta corretta? You will hear a series of questions. For each, select the letter of the most appropriate response.

1. _____
2. _____
3. _____
4. _____
5. _____
6. _____

a. Corso Marconi, 18.
b. No, non sono sposata.
c. La mia e-mail è marisa.speziale@libero.it.
d. A Genova.
e. Sono nata a Perugia.
f. 02/53 24 687.

Nome: _____   Data: _____

1.30 Conosciamo meglio Tommaso. Select the letter of the correct response to each question you hear.

1. a. Sono studente.
    b. Sono di Milano.
    c. Siamo di Milano.

2. a. Sono nato a Los Angeles.
    b. Sei nato a Roma.
    c. Sono nato il 21 giugno 1983.

3. a. Ho diciannove anni.
    b. Sì.
    c. A Napoli.

4. a. Il suo indirizzo è via delle Quattro Fontane, 38.
    b. Il mio indirizzo è via delle Quattro Fontane, 38.
    c. Il tuo indirizzo è via delle Quattro Fontane, 38.

ANDIAMO AVANTI!

Leggiamo

1.31 Prima di leggere. Look at the following ad and examine its design as well as the capitalized words. Try to understand the main idea of the ad and then select the statement that best describes it.

The ad offers Italian language courses in major American cities.

The ad offers a unique opportunity to learn Italian in one of the major cities.

The ad offers a trip to Milano.

The ad offers cheap hotel rates in Venice, Rome or Florence.

1.32 Mentre leggi. Now read the ad and select all the words or expressions that you understand.

OFFRIAMO CORSI DI *LINGUA ITALIANA* A TUTTI I LIVELLI IN IMMERSIONE TOTALE.

Affinché un programma di insegnamento di lingua abbia successo, dovete vivere la lingua. Dovete vivere e fare esperienza nel paese in cui la lingua è parlata. Per questo motivo, oltre ad organizzare attività culturali, escursioni, gite in montagna e al mare e attività di socializzazione con studenti madrelingua, offriamo soggiorni in famiglie italiane selezionate per una esperienza completa, un rapido progresso e un'immersione totale nello stile di vita italiano.

SCOPRI VENEZIA, FIRENZE O ROMA E IMPARA L'ITALIANO!

Come? È molto facile:

1. Completa il modulo di iscrizione allegato a questo volantino e spediscilo al seguente indirizzo: Casella Postale 1313, 20100 Milano.

2. Chiama il numero gratuito 800 77 79 799 (puoi ottenere informazioni sia in inglese che in italiano).

IL NOSTRO METODO GARANTISCE OTTIMI RISULTATI E ... DIVERTIMENTO ASSICURATO.
CHE COSA ASPETTI? TELEFONACI SUBITO!

```
✂ ┈┈┈┈┈┈┈┈┈┈┈┈┈┈┈┈┈┈┈┈┈┈┈┈┈┈┈┈┈┈┈┈
┌────────────────────────────────────────────────┐
│ □□□□□□□□□□□□□□□□   □□□□□□□□□□□□□□□□              │
│ NOME                    COGNOME                 │
│                                                 │
│ □□□□□□□□□□□□□□□□□□□□□□□□□□□□   □□□□□            │
│ INDIRIZZO                              C.A.P.   │
│                                                 │
│ □□□□□□□□□□□□□□□□   □□□□□□□□□□□□□□□□              │
│ NUMERO DI TELEFONO        NUMERO DI FAX         │
│                                                 │
│ □□□□□□□□□□□□□□□□□□□□□□□□□□□□□□□□□□               │
│ E-MAIL                                          │
│                                                 │
│ In quale città vuoi studiare? □Venezia □Firenze □Roma │
└────────────────────────────────────────────────┘
```

1.33 Dopo la lettura. After reading the ad, decide whether each statement is **Vero** (true) or **Falso** (false).

1. You can learn Italian in any city you want in Italy.   Vero   Falso
2. The ad suggests that the only way to truly learn Italian is by enrolling in a full-immersion language program.   Vero   Falso
3. The ad asks you not to waste time and call right away.   Vero   Falso
4. To enroll, you must do two things: fill out the form and call on the phone.   Vero   Falso

Scriviamo

1.34 Informazione personale. First, read the following student's identification card. Then write a note to a classmate and give him/her information about yourself. Be sure to include your phone number and address and ask questions to obtain information about him/her.

Nome: *RENATO MAZZITELLI*
Indirizzo: *C.so GARIBALDI,*
              28 - ROMA
Telefono: *06 77 80 237*
Età: *18 ANNI*
Professione: *STUDENTE*

Ciao! Sono _____

_____

_____

Guardiamo

1.35 Prima di guardare. You will see several Italian people of various ages and interests introducing themselves in this portion of the video. In each group of expressions, select the letter of the phrase or statement of greeting.

1. **a.** Ciao, come ti chiami?
   b. Di dove sei?
   c. Domani è lunedì!
   d. È il primo gennaio.

2. **a.** Oggi è il primo dicembre.
   b. Dopodomani è mercoledì.
   c. Piacere. Mi chiamo Giovanni!
   d. Hans abita a Berlino.

3. **a.** Romano Prodi è italiano.
   b. Che cosa significa *giorno?*
   c. Che giorno è oggi?
   d. Buon giorno, signora. Sono il dottor Perilli.

4. **a.** Il mio compleanno è il diciassette marzo.
   b. Signor Bianchi, le presento il professor Crivelli.
   c. Non sto bene oggi.
   d. A domani!

5. **a.** Ho venti anni.
   b. Noriko è giapponese.
   c. Sei studente?
   d. Molto lieto/a.

1.36 Mentre guardi. As you watch the video, listen for the name of the place where each person is from. Then write the name of the city on the lines provided.

1. Fabrizio Patriarca: _____
2. Emma Fontanella: _____
3. Tina Pelosi: _____
4. Vittorio La Monica: _____
5. Felicita Foglia: _____

1.37 Dopo aver guardato. Now take a look at the pictures of the following characters. What information have they given about themselves? Write it on the lines provided.

Chiara Paolilli

_____

_____

_____

_____

Ilaria Brandini

_____

_____

_____

Plinio Perilli

_____

_____

_____

_____

ATTRAVERSO IL PIEMONTE

1.38 Il Piemonte. Look at the map on p. 39 and reread the cultural section on Piedmont in your textbook. Then answer the following questions.

1. What is Piedmont? _____

2. Where is it located? _____

3. Which European regions border on Piedmont? _____

4. Which other regions of Italy border on Piedmont? _____

5. What is the most important city of the Piedmont region? _____

6. Which mountain range surrounds Piedmont? _____

Nome: _____   Data: _____

Che bella la vita da studente!

PERCORSO I
IN CLASSE

*V*ocabolario: **Cosa c'è in classe?** (Textbook pp. 43–45)

2.1 L'aula d'italiano. Below are some of the objects and people you can find in your Italian classroom. Complete each word in the singular form by filling in the missing vowels.

Oggetti

1. S _ D _ _
2. C _ L C _ L _ T R _ C _
3. Z _ _ N _
4. F _ G L _ _   D _   C _ R T _
5. P _ N N _
6. C _ L _ N D _ R _ _
7. D _ Z _ _ N _ R _ _
8. C _ R T _   G _ _ G R _ F _ C _

Persone

9. P R _ F _ S S _ R _
10. S T _ D _ N T _

2.2 L'aula della professoressa Bianchi. Listen to Professor Maria Bianchi describe her classroom. As you listen, write the objects and people she mentions.

_____   _____

_____   _____

_____   _____

_____   _____

_____   _____

_____   _____

2.3 Tante domande! Professor Rossi asks his class certain questions about the things and people in their classroom. Match each question with the statement that logically answers it.

1. Chi è?
2. Dov'è una penna?
3. Di dove sei?
4. Dov'è uno schermo?
5. Dove sono i libri d'italiano?
6. Siete tutti presenti? Dov'è Sara?
7. Questo è un libro?
8. Che cos'è questa?
9. Come ti chiami?
10. Dov'è un giornale?

a. Mi chiamo James.
b. Ecco i libri!
c. Ecco uno schermo. Guardiamo un film?
d. Ecco un giornale! È il *Corriere della sera* di oggi.
e. È una matita. È la matita di Antonio.
f. No, non è un libro. È un dizionario.
g. Ecco una penna, professore!
h. Sono americano.
i. È un nuovo studente.
l. Non c'è. Oggi è assente.

Grammatica

Il genere dei nomi (Textbook pp. 45–46)

2.4 Informazioni. Complete the following short dialogues by filling in the missing noun endings.

1. —Dov'è la lezion_____ d'italiano?
   —È nell'aul_____ al terzo piano.

2. —C'è uno scherm_____ in classe?
   —No, ma c'è un compute_____.

3. —Chi è la ragazz_____ in prima fila?
   —È una nuova studentess_____. È australiana.

4. —Che cos'è?
   —È il giornal_____ di oggi.

5. —Apro la finestr_____?
   —Sì, va bene.

6. —Che cos'è?
   —La fot_____ della mia ragazza.

7. —Chi è?
   —Un amic_____ di Luigi.

8. —La madr_____ di Gianna è molto simpatica.
   —Sì, è vero. Il padr_____ invece è molto timido.

2.5 Parole, parole, parole. . . Listen to the following Italian words and write the missing letters. The last two letters of each word are given.

1. _ _ _ _ _ _ le
2. _ _ _ ca
3. _ _ _ _ _ ne
4. _ _ _ _ _ _ _ re
5. _ _ _ _ _ ce
6. _ _ _ _ _ ta
7. _ _ to
8. _ _ _ _ _ io
9. _ _ _ _ _ zo
10. _ _ _ _ _ _ _ _ _ _ ne

2.6 Maschile o femminile? Now determine which of the words above are masculine or feminine and put each word in the correct column.

Maschile	Femminile

L'articolo indeterminativo (Textbook pp. 46–48)

2.7 Qual è l'articolo corretto? Complete the following short dialogues with the correct indefinite article. Try to remember the gender of the nouns in question by looking at the endings of the nouns and the words adjacent to them.

1. —Chi è Roberto Benigni?
   —Come, non lo sai? È _____ attore italiano!
   —E chi è Cecilia Bartoli?
   —Anche lei è italiana. È _____ cantante lirica.

2. —Ecco _____ autobus! È il nostro?

3. —Io ho _____ zaino nuovo.
   —Io, invece, ho _____ orologio nuovo.

4. —C'è _____ studente con _____ auto molto bella.
   —Ah. . . io ho solo _____ bici vecchia.

2.8 Che cos'è? Under each item pictured, write the word in Italian together with the correct indefinite article.

1.

_____

2.

_____

3.

_____

4.

_____

5.

_____

6.

_____

7.

_____

8.

_____

9.

_____

10.

_____

Il presente di *avere* (Textbook pp. 48–49)

2.9 Io, tu, lei. . . loro. Match each subject with the fragment that best completes the sentence.

1. Laura		**a.** hai uno zaino nuovo.
2. Tu		**b.** ho una penna rossa.
3. Sabrina e Anna		**c.** abbiamo l'indirizzo di Simona.
4. Io e Pietro		**d.** hanno il quaderno degli esercizi.
5. Tu e Lorenzo		**e.** ha una calcolatrice.
6. Io		**f.** avete il libro di italiano.

2.10 Renato e Co. Listen to Renato's statements about some of his friends and acquaintances. Then complete the sentences with the correct form of **avere** and the item that each person owns.

ESEMPIO: Matteo *ha un computer.*

1. I signori Rossi _____.

2. Io e Giulio _____.

3. Giovanni _____.

4. Loredana e Alberto _____.

5. Il professore di italiano _____.

6. Marta _____.

7. Tu _____.

8. Io _____.

PERCORSO II
L'UNIVERSITÀ

*V*ocabolario: La scuola (Textbook pp. 50–53)

2.11 L'intruso. Select the word or expression that does not belong in each group.

1. alto	basso	vecchio
2. bello	sotto	brutto
3. grande	bello	piccolo
4. antico	brutto	moderno
5. bello	sotto	sopra

2.12 Alla scoperta dell'università. Look at the map of the university buildings below and complete the sentences with the location of each building.

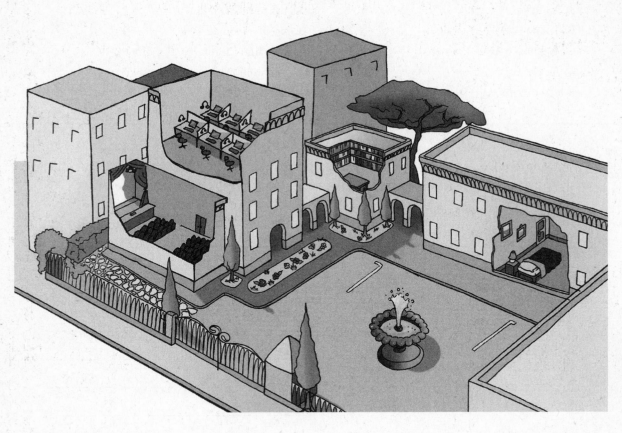

ESEMPIO: La fontana è *vicino agli appartamenti*.

1. Il teatro è _____.

2. Il laboratorio linguistico è _____.

3. Gli appartamenti sono _____.

4. La biblioteca è _____.

Nome: _____ Data: _____

2.13 Una nuova studentessa. Elena is a student at the University of Torino, and has been studying psychology there for three years. Elisa, a freshman (*una matricola*), asks her for information about the university facilities. Read the following statements. Then listen to the conversation between Elisa and Elena and select the letter of the phrase that best completes each sentence.

1. Elena studia
   a. lingue e letterature straniere.
   b. psicologia.
   c. inglese.

2. All'università di Torino
   a. c'è una mensa.
   b. ci sono due mense.
   c. ci sono tre mense ma due sono lontane.

3. Al Centro Sportivo Universitario (CUS)
   a. c'è una piscina, un campo di calcio e sei campi da tennis.
   b. non c'è una piscina.
   c. ci sono due piscine.

4. La libreria Celid
   a. è vicino al bar.
   b. è davanti al bar.
   c. è davanti alla mensa.

5. Il numero di telefono di Elena è
   a. 340-3644552.
   b. 340-3684551.
   c. 331-3684551.

6. Elena oggi va alla mensa
   a. con Elisa.
   b. da sola.
   c. con due amiche e Elisa.

Grammatica

Il plurale dei nomi (Textbook pp. 53–54)

2.14 Quanti sono? Complete the following questions with the correct plural form of the nouns in parentheses.

1. Quante _____ (penna) ci sono?
2. Quante _____ (matita) ci sono?
3. Quanti _____ (quaderno) ci sono?
4. Quanti _____ (computer) ci sono?
5. Quante _____ (sedia) ci sono?
6. Quanti _____ (banco) ci sono?
7. Quanti _____ (ragazzo) ci sono?
8. Quante _____ (ragazza) ci sono?

2.15 Più di uno! In each sentence, fill in the blank with the plural form of the noun, as in the example.

ESEMPIO: Ho un compagno.   Ho molti *compagni*.

1. Ho un'amica del cuore.
   Ho due _____ del cuore.

2. Il giornale è sulla cattedra.
   I _____ sono sulle _____.

3. Il numero di telefono del professore è nel libro.
   I _____ di telefono del professore sono nei _____.

4. La lezione di italiano è interessante.
   Le _____ di italiano sono interessanti.

5. La biblioteca dell'università è grande.
   Le _____ delle _____ sono grandi.

6. C'è un campo da tennis, uno stadio e e una piscina.
   Ci sono dieci _____ da tennis, due _____ e tre _____.

L'articolo determinativo (Textbook pp. 54–56)

2.16 Gli articoli determinativi. For each word, select the letter of the appropriate definite article.

1. edificio
   a. il
   b. l'
   c. i

2. piscina
   a. la
   b. le
   c. il

3. giornale
   a. lo
   b. la
   c. il

4. laboratori di lingue
   a. le
   b. il
   c. i

5. zaini
   a. gli
   b. i
   c. le

6. ristoranti
   a. le
   b. gli
   c. i

7. foto
   a. il
   b. lo
   c. la

8. studente
   a. il
   b. lo
   c. le

2.17 Trova l'errore. There is an incorrect word in each of the following sentences. Select it and then provide the correct word.

ESEMPIO: Lina e Marco sono (professoresse.)   *professori*

1. Federica e Gaia sono studenti.   _____

2. Loro hanno due borsa rosse.   _____

3. Le calcolatrice sono nella borsa.   _____

4. Ecco i professore di italiano!   _____

5. Gli studente americani sono simpatici.   _____

6. Ci sono due campo da tennis vicino al cinema.   _____

7. Il teatri è davanti al museo.   _____

8. Lo stadi è di fronte alla palestra.   _____

9. Il laboratori linguistico è tra la facoltà di Lingue e Letterature Straniere e la biblioteca.   _____

10. L'aule informatica è grande e moderna.   _____

2.18 Il campus di un'università americana. Look at the following drawings and write the name of each building with its correct definite article.

1.
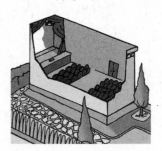

_____

2.

_____

3.

_____

4.

_____

5.
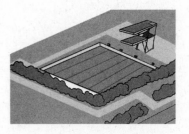

_____

6.
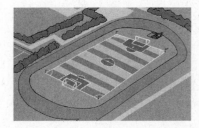

_____

7.
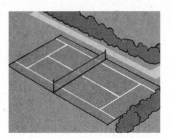

_____

2.19 Dove sono? Complete the sentences with the correct definite article.

1. _____ matite sono sopra _____ quaderni.

2. _____ orologi sono sotto _____ libri.

3. _____ giornali sono sotto _____ banchi.

4. _____ professore è vicino alla cattedra.

5. _____ ragazzi e _____ ragazze sono vicino alla porta.

6. _____ zaini sono sotto _____ sedie.

7. _____ schermo è sopra _____ cattedra.

8. _____ gessi sono sopra _____ lavagne.

PERCORSO III
LE ATTIVITÀ A SCUOLA

Vocabolario: Cosa fai ogni giorno a scuola? (Textbook pp. 58–59)

2.20 Cosa fai ogni giorno all'università? As a college student, you certainly have a busy schedule. On the lines next to each place, write the activities you usually do there.

```
LA MATTINA:

1. alla mensa _____

2. in piscina _____

3. in aula _____

4. in libreria _____


IL POMERIGGIO:

5. al laboratorio linguistico _____

6. al bar _____

7. in aula _____

8. al campo da tennis _____


LA SERA:

9. alla mensa _____

10. in biblioteca _____

11. al cinema _____

12. a teatro _____
```

2.21 I corsi di laurea e le materie. Depending upon your major (*corso di laurea*), you are required to take certain classes. Indicate the classes that each of these students might take, according to their major.

Materie	Viviana: Fisica	Stefano: Storia	Matteo: Letteratura inglese	Tiziana: Ingegneria	Fabio: Scienze politiche
Sociologia					
Letteratura nord-americana					
Chimica					
Lingua inglese					
Matematica					
Geografia					
Storia contemporanea					
Economia					
Informatica					

2.22 Che cosa studiano? Listen to the following students talk about the classes they are taking this semester and about their interests. Then write their major and two of their classes.

Renato Fabrizi

Corso di laurea: _____

Corsi: _____

Sabrina Semeria

Corso di laurea: _____

Corsi: _____

Roberta Biagi

Corso di laurea: _____

Corsi: _____

Grammatica

Il presente dei verbi in -are (Textbook pp. 61–63)

2.23 Gli studenti si confessano. Complete the following questions or statements with the correct form of the verbs in parentheses.

1. Io e la mia compagna di appartamento _____ (ascoltare) spesso musica classica.

2. Tu _____ (guardare) volentieri la TV?

3. Anna _____ (studiare) poco o molto?

4. Noi non _____ (fumare).

5. Lei, professoressa, _____ (giocare) a tennis?

6. Tu e Gianni _____ (mangiare) alla mensa tutti i giorni.

7. Il professor Riva _____ (spiegare) e _____ (insegnare) molto bene.

8. Io _____ (suonare) il pianoforte.

9. Chiara e Simona _____ (cercare) sempre corsi facili!

10. Voi _____ (parlare) spesso al telefono.

2.24 Studenti superimpegnati. Listen to the following sentences. Then write the letter of the corresponding subject pronoun on the lines provided.

1. _____   a. tu
2. _____   b. io
3. _____   c. lei/lui
4. _____   d. noi
5. _____   e. voi
6. _____   f. loro

Il presente di *fare* (Textbook pp. 63–65)

2.25 Chi fa che cosa? Complete the following short dialogues with the correct forms of **fare**.

1.   ANTONIO: Che lavoro _____ Luca?

     MARIA: Non lavora, studia. _____ ingegneria.

     ANTONIO: Anch'io _____ ingegneria.

2.   LUCIA: Sandra e Oriana, che cosa _____ stasera?

     SANDRA E ORIANA: _____ i compiti di italiano. E tu?

     LUCIA: Io _____ una partita a tennis.

3.   STEFANO: Signori Gandino, che cosa _____ le vostre figlie?

     SIGNORI GANDINO: _____ le insegnanti.

2.26 Attività all'università. Fill in the verbs as you hear them in the following passages or dialogues.

1. Claudia _____ Scienze politiche all'università di Palermo. Molti suoi compagni _____ vicino all'università. Claudia, però, non _____ vicino all'università.

2. La mattina io e Patrizia _____ colazione alle 7. Poi _____ in biblioteca per tre ore. Alle 10 io _____ in piscina e Patrizia _____ aerobica in palestra. A mezzogiorno _____ gli amici alla mensa e _____ tutti insieme.

3. Io _____ le cassette al laboratorio di lingue e poi _____ a pallavolo. Leonardo _____ il violino e poi _____ a calcio. Alle 5 _____ uno spuntino al bar dell'università. Io _____ un panino e Leonardo _____ una brioche e _____ una sigaretta. Tu _____?
   —No, non _____.

2.27 Le attività di Claudia all'università. Listen to the following sentences and then give your pronunciation after the speaker.

ANDIAMO AVANTI!

Leggiamo

2.28 Prima di leggere. Examine the following text and then select the letter of the appropriate answer to each question.

1. Che cos'è?
   a. una pubblicità
   b. un articolo
   c. una lettera
   d. un'e-mail

2. Su che cosa?
   a. una scuola
   b. un hotel
   c. un'università
   d. un museo

3. Dov'è?
   a. Milano
   b. Atene
   c. Venezia
   d. Roma

2.29 Mentre leggi. As you read, underline all the cognates that you recognize and write ten of them on the lines below.

Vuoi Studiare Business o Economia a Milano?
Partecipa alle Giornate di Orientamento dell'Università Bocconi!

L'università Bocconi apre le porte, venerdì 17 e sabato 18 marzo dalle ore 9 alle ore 15, alle Giornate di Orientamento per i ragazzi impegnati nella scelta dell'università. Sono in programma:

- presentazione dei corsi di laurea;
- informazioni sulle strutture dell'università e sugli aiuti finanziari;
- simulazione del test di ammissione;
- visite guidate e virtuali del campus.

La novità assoluta delle Giornate di Orientamento di quest'anno è la zona video con proiezioni non stop del campus Bocconi. Inoltre, sabato 18 marzo alle ore 11.00, è previsto un incontro con i genitori per spiegare anche a loro tutto quello che la Bocconi offre.

Infine va ricordato che tutti possono partecipare alle Giornate di Orientamento, ma possono iscriversi effettivamente all'università Bocconi solo gli studenti che passano il test di selezione. Sabato 22 aprile tutti gli interessati possono sostenere il test di selezione in una di queste sei città: Milano, Bari, Alessandria, Cagliari, Napoli, Palermo. I candidati sono valutati per il 50% sulla base del risultato del test di selezione e per il restante 50% sulla base del curriculum scolastico.

_____ _____

_____ _____

_____ _____

_____ _____

2.30 Dopo la lettura. Read the text again. Then read the following statements and decide whether each is **Vero** or **Falso**.

1. Le Giornate di Orientamento sono tre.   Vero   Falso

2. Le Giornate di Orientamento sono giorni in cui molti ragazzi
   decidono che cosa studiare all'università.   Vero   Falso

3. Durante le Giornate di Orientamento i ragazzi possono visitare
   il campus dell'università.   Vero   Falso

4. I padri e le madri dei ragazzi non partecipano alle Giornate
   di Orientamento.   Vero   Falso

5. Non è necessario fare un test di ammissione per studiare in
   questa università.   Vero   Falso

6. Sabato 22 aprile c'è il test di ammissione.   Vero   Falso

Scriviamo

2.31 Scriviamo. Read the following letter. Then write a letter to an Italian friend and talk about your major, your classes, your campus, and the activities in which you like to engage.

Pisa, 10 novembre 2005

Caro Matt,

come stai? Quest'anno sono una matricola all'università di Pisa. Studio filosofia. I corsi sono difficili ma molto interessanti. Abito nella Casa dello Studente.

Pisa è una città antica e bella e la facoltà di Filosofia è nel centro storico. Non è lontana dalla piazza dei Miracoli e quindi vedo la famosa Torre di Pisa tutti i giorni. Ti immagini? Il palazzo della facoltà è vecchio e basso ma le aule sono nuove e grandi. C'è una bella biblioteca dove studio spesso con le mie amiche e c'è anche un'aula informatica molto moderna. Tre pomeriggi alla settimana lavoro nella libreria dell'università. Non è facile essere indipendente! Come puoi ben immaginare, ho poco tempo libero per fare sport ma qualche volta gioco a tennis con la mia amica Alessandra. Non ho la televisione e quindi, la sera, studio o leggo un libro. Qualche volta vado al Cineforum dell'università e guardo un film.

Insomma, sto bene e mi piace la vita della studentessa universitaria. E a te piace l'università? Quando torni in Italia?

Un abbraccio.
Cristiana

Cristiana Giannotti
PIAZZA SAN SILVESTRO, 12
56100 PISA

MATT MITCHELL
1140 WEST 35th STREET
LOS ANGELES, CA 90007
U.S.A.

_____

_____

_____

_____

_____

_____

_____

_____

Guardiamo

2.32 Prima di guardare. You will meet again with some of the characters who were introduced in the first chapter. They are all young and attend either high school or the university and use the following terminology to describe their studies. Match each Italian word relating to school and studies with its English definition.

1.	storia dell'arte	**a.**	ancient
2.	scienze sociali	**b.**	classroom
3.	aula	**c.**	difficult
4.	appartamento	**d.**	art history
5.	periferia	**e.**	building
6.	edificio	**f.**	social sciences
7.	antico	**g.**	apartment
8.	difficile	**h.**	outskirts

2.33 Mentre guardi. As the different characters talk about their lives, choose the letter of the response that best answers each question.

1. A che ora entra a scuola Emma?
   a. alle sette di mattina
   b. alle dieci di mattina
   c. alle due del pomeriggio
2. Qual è l'interesse principale di Dejan?
   a. lo sport
   b. i libri
   c. la musica
3. Dove vive Gaia?
   a. in appartamento
   b. a casa con i genitori
   c. all'università

Nome: _____ Data: _____

2.34 Dopo aver guardato. Look at the pictures of these five students and answer the following questions about each of them.

1. Dove vive Laura?

_____

2. Che cosa studia Dejan?

_____

3. Dov'è la facoltà di Gaia?

_____

4. Che cosa studia Ilaria?

_____

ATTRAVERSO L'EMILIA-ROMAGNA

2.35 L'Emilia-Romagna. Read the following passage about Bologna, the capital city of the Emilia-Romagna region, and then complete the sentences below.

Curiosità su Bologna

L'Università di Bologna è forse la più antica del mondo occidentale. La data ufficiale di fondazione è il 1088. La vita della città e la vita dell'università sono intimamente connesse fin dal medioevo. Ecco perché Bologna si chiama «la dotta». Ma il detto «Bologna la dotta» va a braccetto con il detto «Bologna la grassa» perché anche la cucina bolognese è strettamente legata all'università. Infatti, la mescolanza di tanti studenti e professori di nazionalità diverse rende la cucina bolognese varia e ricca. Le specialità bolognesi più famose sono la mortadella, i tortellini, le lasagne e le tagliatelle al ragù. Un'altra curiosità? In Italia, una nazione dominata dalla passione per il calcio, Bologna si chiama anche «*Basket City*» perché lo sport più popolare è il basket. Le due squadre di basket di Bologna, *Fortitudo e Virtus*, sono tra le più forti squadre italiane e europee.

1. L'università di Bologna è _____.

2. Il 1088 è _____.

3. Bologna si chiama «la grassa» perché _____.

4. Le specialità più famose della cucina bolognese sono _____

_____

5. Bologna si chiama anche «*Basket City*» perché _____

6. Le squadre di basket di Bologna si chiamano _____

_____.

Mi riconosci?

PERCORSO I
LA DESCRIZIONE DELLE PERSONE

*V*ocabolario: Come sono? (Textbook pp. 77–80)

3.1 L'intruso. Select the word or expression that does not belong in each group.

1. atletico   materialista   sportivo
2. allegro   espansivo   nervoso
3. avaro   gentile   generoso
4. antipatico   generosa   pessimista
5. stanco   bravo   comprensivo
6. egoista   cattivo   espansivo

3.2 Come sono queste persone? Describe the following famous people, giving your opinion. Use at least two adjectives for each person.

1. Com'è Sylvester Stallone? È _____.
2. Com'è Leonardo Di Caprio? È _____.
3. Com'è Kobe Bryant? È _____.
4. Com'è Hillary Clinton? È _____.

3.3 Paragoni e contrasti. Write six comparison or contrast statements about yourself and a friend, following the example.

ESEMPIO: *Io sono allegra ma Amanda è nervosa.*
            Io sono allegra e anche Amanda è allegra.

1. _____
2. _____
3. _____
4. _____
5. _____
6. _____

3.4 Descrivi. Now take your six sentences from Activity **3.3** and connect them to form a smooth paragraph. The following adjectives and connectors will help you.

molto	poco	proprio
anche	invece	ma/però o

_____

_____

_____

_____

 3.5 La prima impressione. When we see someone for the first time, we often form an impression of his/her personality (**personalità**). Listen to the following descriptions. Then write the letter of each description next to the person that best fits it.

1.

_____

2.

_____

3.

_____

4.

_____

5.

_____

6.

_____

Grammatica

L'aggettivo (Textbook pp. 80–84)

3.6 Opinioni. For each descriptive adjective given, choose the letter of the correct person or people listed. Then write the entire sentence using the correct form of the verb **essere**.

> ESEMPIO: felice:
>   **a.** i giovani
>   **b.** le studentesse
>   **(c.)** il professore
>   *Il professore è felice.*

1. simpatico:
   a. le professoresse
   b. gli studenti
   c. il bibliotecario

_____

2. estroverse:
   a. il padre di Luisa
   b. il professore
   c. le atlete professioniste

_____

3. elegante:
   a. la famiglia Agnelli
   b. gli atleti
   c. le attrici

_____

4. antipatiche:
   a. la donna
   b. le amiche di Giulia
   c. l'insegnante di italiano

_____

5. intelligente:
   a. l'architetto Renzo Piano
   b. le mie compagne di appartamento
   c. Mario e Anna

_____

6. egoista:
   a. il figlio dei signori Rispoli
   b. le studentesse
   c. la signora Calvi e la signora Andreasi

_____

3.7 Femminile o maschile? Change the following sentences from masculine to feminine or from feminine to masculine, as appropriate.

ESEMPIO: Il professore è basso e bruno.
La professoressa è bassa e bruna.

1. Il tuo amico spagnolo è un ragazzo bravo e serio.

   _____

2. L'amica di Serena è sempre allegra.

   _____

3. La professoressa di storia è gentile ma severa.

   _____

4. Il signor Paolini è anziano e simpatico.

   _____

3.8 Singolare o plurale? Complete the following sentences, changing them from singular to plural or from plural to singular.

1. Io sono estroverso/a.

   Noi _____.

2. Le ragazze americane sono carine.

   La ragazza americana _____.

3. Gli studenti sono magri e muscolosi.

   Lo studente _____.

4. L'adolescente è egoista ma simpatico.

   Gli adolescenti _____.

5. Il professore di matematica è bravo.

   I professori di matematica _____.

6. Tu sei sempre elegante.

   Tu e Carlo _____.

Nome: _____   Data: _____

3.9 Università e dintorni. Transform the following sentences, placing the adjectives in front of the nouns according to the example. Remember that in Italian, most adjectives usually follow the noun they modify, but there are some adjectives that can also precede the noun they modify.

ESEMPIO: Lo studente è giovane.
           È un giovane studente.

1. Carlo è un amico vero.
   _____

2. Il professore di matematica è bravo.
   _____

3. La giacca rossa è bella.
   _____

4. L'università è grande.
   _____

5. Lo stadio di calcio è nuovo.
   _____

6. La biblioteca è vecchia.
   _____

7. Il cinema è piccolo.
   _____

8. Il caffè è cattivo.
   _____

 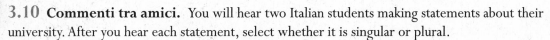

3.10 Commenti tra amici. You will hear two Italian students making statements about their university. After you hear each statement, select whether it is singular or plural.

	Singolare	Plurale
1.		
2.		
3.		
4.		
5.		
6.		
7.		
8.		
9.		
10.		

3.11 Come sono? Listen to each description. Then, next to each drawing, write the letter of the description that best corresponds to it.

1. _____

2. _____

3. _____

4. _____

5. _____

6. _____

7. _____

Nome: _____   Data: _____

PERCORSO II
L'ABBIGLIAMENTO

Vocabolario: Che cosa portano? (Textbook pp. 85–87)

3.12 **In un negozio di abbigliamento.** Label each piece of clothing by writing the correct Italian word, including its definite article.

1.

_____

2.

_____

3.

_____

4.

_____

5.

_____

6.

_____

3.13 Il cruciverba. For each piece of clothing you see, write the word in Italian in each space of the puzzle. Then use the letters that intersect to spell the last name of an Italian fashion designer, and write it on the line below.

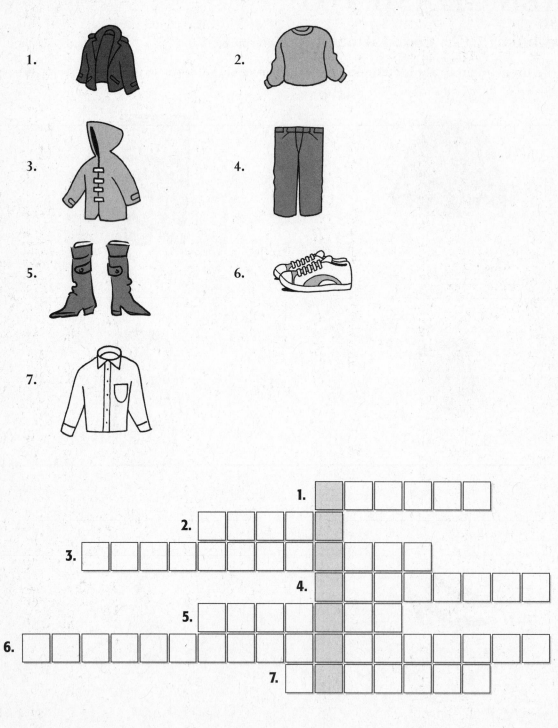

1.

2.

3.

4.

5.

6.

7.

Lo stilista italiano è: Stefano _____

3.14 Che cosa portano? Listen to the following dialogue between Camilla and Sara, and select each item of clothing that you hear mentioned.

vestito

scarpe

camicia

zaino

felpa

maglia

pantaloni

occhiali

Grammatica

Indefinite quantities: *dei, degli, delle* (Textbook pp. 87–88)

3.15 La quantità: *dei, degli, delle.* Fill in the blanks with the correct word of indefinite quantity.

1. Ho _____ amici portoghesi.

2. Porta _____ magliette fuori moda.

3. Ha _____ zaini sempre pieni di libri.

4. Laura ha _____ belle gonne.

5. Mariella porta _____ stivali neri.

6. Anna porta spesso _____ scarpe rosse.

3.16 Articoli di abbigliamento. Write the correct indefinite form (**dei, degli, delle**) next to each item below.

1. _____ cravatte

2. _____ giacche

3. _____ scarpe da ginnastica

4. _____ blu jeans

5. _____ pantaloni

6. _____ zaini

7. _____ magliette

8. _____ felpe

9. _____ occhiali

10. _____ stivali

3.17 E se è uno solo? Write the singular form of each item listed with the corresponding indefinite article (**un, una, uno**).

ESEMPIO: felpe → una felpa

1. giacche → _____
2. vestiti → _____
3. zaini → _____
4. magliette → _____
5. gonne → _____
6. maglie → _____

3.18 Che cosa compri? Listen to the following list of clothing items and select the correct word of indefinite quantity.

1. delle   dei   degli
2. delle   dei   degli
3. delle   dei   degli
4. delle   dei   degli
5. delle   dei   degli
6. delle   dei   degli
7. delle   dei   degli
8. delle   dei   degli

3.19 *Quello* e *bello*. Write the correct forms of **quello** and **bello**.

ESEMPIO: *quelle belle* maglie

1. _____ _____ gonna
2. _____ _____ amico
3. _____ _____ studenti
4. _____ _____ cravatte
5. _____ _____ pantaloni
6. _____ _____ scarpe
7. _____ _____ felpa
8. _____ _____ vestito

3.20 Gli amici americani di Alberto. Alberto is describing a picture of some American friends to his parents. Complete his description by selecting the correct forms of the definite article, **quello** or **bello**.

Kim ha (1. bei / begli) capelli biondi e (2. bei / begli) occhi verdi. Il ragazzo di Kim, Kyle, ha (3. i / gli) capelli castani e (4. i / gli) occhi azzurri. John e Spencer sono (5. quei / quelli) ragazzi con (6. la / le) biciclette gialle. Lindsay è (7. quel / quella) ragazza con un (8. bello / bel) vestito a fiori (*floral*). (9. Quell' / Quel) uomo che vedete sullo sfondo è (10. il / lo) maestro di tennis dell'università. È molto simpatico e ha auto sportiva.

3.21 Trova l'errore. Each sentence below has a mistake in the usage of **quello**. On the lines provided, write the correct forms.

1. Scusi, quel autobus va in via Giuseppe Verdi?   _____
2. Vedi quell'ragazzo vicino alla porta? È Lucio.   _____
3. Quanto costano quelli camicie di seta in vetrina?   _____
4. Guarda quei occhiali! Che belli!   _____
5. Quelli pantaloni di Armani sono proprio belli.   _____
6. I pantaloni blu sono vicino a quell' maglia.   _____

PERCORSO III
LE ATTIVITÀ PREFERITE

Vocabolario: Cosa ti piace fare? (Textbook pp. 92–94)

3.22 Sei una persona socievole (*sociable*) oppure no? What are your favorite activities to do during your free time? Take the following quiz and find out. For each activity listed, mark the scale of how frequently you do it.

	raramente	qualche volta	spesso	sempre
	1	*2*	*3*	*4*
1. guardare la televisione				
2. parlare al telefono con gli amici o rispondere alle mail				
3. scrivere poesie				
4. discutere di politica o di sport con gli amici				
5. leggere o dipingere				
6. prendere un caffè al bar con gli amici				
7. guardare un film				
8. conoscere gente nuova				

Now add up your scores on the even-numbered statements and compare them with your scores on the odd-numbered statements. If the even-numbered total is higher, you are probably an extroverted person who prefers to do activities with others. If the odd-numbered total is higher, you are probably more introverted and prefer to do activities by yourself.

3.23 Associazioni. For each item or place mentioned, write an activity that you associate with it.

ESEMPIO: Ajax o Lysol   *pulire la casa*

1. Nike o Adidas _____
2. America Online _____
3. Starbucks _____
4. Nokia _____
5. Barnes & Noble _____

3.24 Che cosa fanno questi studenti? Listen to the short dialogues and then answer the questions that follow.

1. Che cosa fa Giovanna al bar? _____
2. Che cosa fa Mario stasera? _____
3. Perché gli amici di Ruggero sono noiosi? _____
4. Che cosa fa Francesca? _____

3.25 Questione di gusti. . . You will hear four students expressing their likes or dislikes. Listen to them, and then select whether each of the following statements is **Vero** or **Falso**.

1. Non le piace Carla.   Vero   Falso
2. Gli piace giocare a tennis.   Vero   Falso
3. Non le piace conoscere gente nuova.   Vero   Falso
4. Non gli piace il caffè.   Vero   Falso

Grammatica

Il presente dei verbi in *-ere* e in *-ire* (Textbook pp. 94–96)

3.26 Che cosa fanno? Complete each sentence by filling in the blanks with the correct form of the verb in parentheses.

1. Rosanna _____ molte mail agli amici. (scrivere)
2. (Noi) _____ l'autobus per andare all'università. (prendere)
3. Marzia e Arianna _____ fino a tardi tutti i giorni. (dormire)
4. _____ (tu) spesso la tua camera? (pulire)
5. Perché _____ (loro) sempre di politica? (discutere)
6. Io _____ le lezioni alle 5 del pomeriggio. (finire)
7. Voi _____ il giornale raramente. (leggere)
8. Signora, (Lei) _____ l'italiano? (capire)

3.27 Che cosa preferiscono? Complete the dialogues, following the example.

ESEMPIO: Io guardo la televisione. E tu?
           Io *preferisco ascoltare* la radio.

1. Viviana dipinge nature morte (*still lifes*). E tu?

   Io _____ ritratti (*portraits*).

2. Manuela e Monica discutono di politica. E voi?

   Noi _____ di sport.

3. Lucia scrive poesie. E Federica?

   Federica _____ racconti (*short stories*).

4. Io prendo un cappuccino al bar. E loro?

   Loro _____ un caffè.

5. Mio padre segue le partite di calcio allo stadio. E Lei?

   Io _____ alla televisione.

6. Io ascolto musica rock. E Lei?

   Io _____ musica classica.

3.28 Una serata a casa di Sandro e Ugo. Listen to Sandro, a college student who shares an apartment with his friend Ugo, describe the evening activities at his place. Then select the letter of the statement that best completes each sentence.

1. Sandro e Ugo
   a. prendono l'autobus per tornare a casa dall'università.
   b. prendono l'automobile per tornare a casa dall'università.

2. Prima di cena, Sandro
   a. corre e Ugo nuota.
   b. nuota e Ugo corre.

3. Dopo cena Ugo
   a. preferisce leggere un libro o ascoltare la musica.
   b. preferisce guardare la televisione o scrivere e-mail.

4. Dopo cena, di solito Sandro
   a. legge.
   b. dipinge.

5. Sandro e Ugo invitano degli amici
   a. sempre.
   b. qualche volta.

6. Quando Ugo discute con gli amici, Sandro preferisce
   a. anche discutere di politica.
   b. non intervenire (*interfere*).

ANDIAMO AVANTI!

Leggiamo

3.29 Prima di leggere. Examine the text of the contest "Milano di Moda" published by an Italian fashion magazine. Then underline all the cognates you recognize or understand.

■ Grande Concorso MILANO DI MODA

Partecipa al gioco "Moda Must" e spedisci subito il tagliando con il risultato. In palio c'è un soggiorno nella capitale italiana della moda durante la settimana di presentazione delle prossime collezioni primavera estate e un pass per vivere da vicino, nella sezione riservata ai VIP, l'emozione di una sfilata di Dolce & Gabbana!

3.30 Mentre leggi. Now play the game by matching the names of the fashions with their descriptions.

✂ -

■ GIOCA a "MODAMUST"

Il nome del «look»

- ☐ **1.** Il denim «strappato»
- ☐ **2.** La gonna italiana
- ☐ **3.** La «city jacket»
- ☐ **4.** Il «total white»
- ☐ **5.** La sahariana
- ☐ **6.** «Shanghai girl»

---

a. Jeans, camicia rossa e scarpe rosse. Tutto Dolce & Gabbana.

b. Giacca blu e rossa in stile cinese, pantaloni blu. Tutto Armani.

c. Maglietta, gonna lunga di seta azzurra[1] con fiori. Tutto Roccobarocco.

d. Tutto in bianco luminoso. Tutto Versace.

e. Giacca marrone con bottoni d'oro, gonna e scarpe di plastica. Tutto Gucci.

f. Giacca marrone chiaro con cintura in stile safari, gonna di cotone. Tutto MaxMara.

---

1. blue silk

3.31 Dopo la lettura. Answer the following questions about the looks described above. Then mix the items and colors you prefer to create a new style!

1. Qual è il tuo stile preferito?

   _____

2. Qual è lo stile più elegante per te?

   _____

3. Per te, qual è lo stile più sportivo?

   _____

4. Come si chiama il tuo nuovo stile? Descrivi.

   _____

   _____

   _____

Scriviamo

3.32 La tua descrizione. On the lines provided, write a paragraph describing yourself. Use adjectives of description, and you may also include the styles of clothing that you generally like to wear.

_____

_____

_____

_____

_____

_____

_____

_____

_____

_____

Guardiamo

3.33 Prima di guardare. Based on the pictures of the following characters and the video segment, select whether each statement is *Vero* or *Falso*.

1. Felicita ha i capelli neri.

   Vero   Falso

2. Gaia ha gli occhi verdi.

   Vero   Falso

3. Ilaria è bionda.

   Vero   Falso

4. Vittorio porta una giacca azzurra.

   Vero   Falso

5. Emma ha i capelli lunghi e ricci.

   Vero   Falso

3.34 Mentre guardi. In this video clip, the characters talk about their friends. Choose the letter of the best answer to complete each of the following sentences.

1. L'amica di Felicita
   a. è bassa e grassa.
   b. non ride mai.
   c. è alta, carina e mora.
   d. non vuole divertirsi.

2. L'amico di Gaia si chiama
   a. Roberto.
   b. Alberto.
   c. Giovanni.
   d. Tommaso.

3. A Tommaso piace
   a. il motocross.
   b. giocare a tennis.
   c. discutere di politica.
   d. scrivere poesie.

4. Iacopo, il ragazzo di Ilaria,
   a. ha un carattere sensibile ed espansivo.
   b. porta un impermeabile giallo.
   c. è anziano.
   d. ha i capelli biondi e lunghi.

3.35 Dopo aver guardato. What clothes has Gaia bought lately? Describe two of the three items that she mentions in the video, including the type of clothing and its color.

_____

_____

_____

_____

ATTRAVERSO LA LOMBARDIA

3.36 La Lombardia. Look at the map on p. 103, as you reread the cultural section in Capitolo 3 of your textbook, and answer the following questions.

1. Dov'è la Lombardia? _____

2. Quali regioni italiane confinano con la Lombardia? _____

_____

3. Quale nazione europea confina con la Lombardia? _____

4. Qual è la città più grande e famosa della Lombardia? _____

5. Qual è la piazza più importante di Milano? _____

6. Qual è un lago famoso della Lombardia? _____

Giorno per giorno

PERCORSO I
LE ATTIVITÀ DI TUTTI I GIORNI

*V*ocabolario: **Cosa facciamo ogni giorno?** (Textbook pp. 107–111)

4.1 Un brutto sogno. Riccardo has a recurring dream whenever he is worried about school, and in his dream he does things from his daily routine in the wrong order. Look at the following drawings. Then match each drawing with the corresponding statement, to reflect the correct order.

1. Si sveglia. _____

a.

2. Si alza. _____

b.

3. Si lava i denti. _____

c.

4. Si fa la doccia. _____

d.

5. Si veste. _____

e.

6. Fa colazione. _____

f.

4.2 La routine mattutina di Marina e Mirella. Read the descriptions of each girl's daily routine, and then answer the questions by writing the correct names on the lines provided.

Marina: Non mi piace svegliarmi presto. Mi sveglio ogni giorno alle otto e mezza e mi faccio una doccia di 20 minuti. Poi mi guardo allo specchio per truccarmi. Non faccio colazione perché sono in ritardo. Generalmente arrivo all'università tardi.

Mirella: Di solito mi alzo alle sei della mattina. Mi faccio subito una doccia veloce (*quick*). Poi mi guardo allo specchio e mi pettino in fretta. Alle sette meno un quarto faccio colazione e poi mi lavo i denti. Alle sette e mezza prendo l'autobus per andare all'università. Arrivo sempre presto all'università così ho il tempo per leggere le mail.

1. Chi si alza presto? _____

2. Chi fa colazione? _____

3. Chi si fa una lunga doccia? _____

4. Chi si trucca davanti allo specchio? _____

5. Chi si pettina? _____

6. Chi arriva sempre in ritardo all'università? _____

4.3 Che ore sono? Match the time in digits with the most appropriate expression for each time of day.

1. 20.30

2. 4.15

3. 7.50

4. 24.00

5. 1.10

6. 12.00

7. 22.40

8. 15.30

9. 6.45

10. 00.25

a. È l'una e dieci del pomeriggio.

b. Sono le otto meno dieci di mattina.

c. È mezzanotte.

d. Sono le undici meno venti di sera.

e. Sono le tre e mezza del pomeriggio.

f. Sono le quattro e un quarto del pomeriggio.

g. Sono le otto e mezza di sera.

h. È mezzogiorno.

i. Sono le sette meno un quarto di mattina.

l. È mezzanotte e venticinque.

4.4 Chi è più efficiente? Sara and Irene have the same routine every day. Sara, however, is more efficient. Listen to the narration, and write the times in digits that each girl does the activities in her morning routine.

	Sara	Irene
1. Si sveglia alle. . .	_____	_____
2. Si alza alle. . .	_____	_____
3. Si lava i denti e si fa la doccia alle. . .	_____	_____
4. Si pettina e si trucca alle. . .	_____	_____
5. Fa colazione alle. . .	_____	_____
6. Prende l'autobus alle. . .	_____	_____

4.5 E tu, a che ora fai queste attività? Complete the following sentences with the times of day that you do each activity, as in the example.

ESEMPIO: Mi sveglio *alle sette di mattina.*

1. Mi alzo _____.

2. Mi lavo i denti _____.

3. Mi faccio la doccia _____.

4. Mi pettino _____.

5. Pranzo _____.

6. Mi riposo _____.

7. Mi diverto con gli amici _____.

8. Ceno _____.

4.6 Oliviero è uno studente molto impegnato. Listen to Oliviero describe his daily routine. Then complete the statements by selecting the letter of the appropriate phrase.

1. Il lunedì Oliviero
   a. si sveglia alle sei e mezzo.
   b. si sveglia alle sette e mezzo.
   c. si alza alle sette e mezzo.

2. Alle nove di mattina Oliviero
   a. è al bar.
   b. è a casa.
   c. è all'università.

3. All'una del pomeriggio Oliviero
   a. pranza.
   b. beve un caffè al bar.
   c. si riposa.

4. Dopo la lezione di statistica Oliviero
   a. va a casa.
   b. va a lezione.
   c. va nell'aula di informatica.

5. Alle otto di sera Oliviero
   a. cena con la famiglia.
   b. prende l'autobus.
   c. arriva a casa.

6. Alle undici di sera Oliviero
   a. si addormenta.
   b. si lava i denti.
   c. si fa la doccia.

Grammatica

Il presente dei verbi riflessivi (Textbook pp. 112–115)

4.7 Anche noi. . . Complete the following sentences, using reflexive verbs with **noi** as the subject pronoun.

ESEMPIO: Ti alzi tardi la mattina. Anche noi *ci alziamo tardi la mattina.*

1. Ti svegli presto la mattina. Anche noi _____.

2. Ti vesti in fretta. Anche noi _____.

3. Ti trucchi sempre. Anche noi _____.

4. Ti riposi spesso il pomeriggio. Anche noi _____.

5. Ti lavi i denti ogni sera. Anche noi _____.

6. Qualche volta ti addormenti tardi. Qualche volta anche noi _____.

4.8 Cosa domandi? Based on the answers provided, complete the following questions logically, using a reflexive verb.

ESEMPIO: *A che ora ti svegli* la mattina?
          Alle sette e un quarto.

1. _____ la mattina?
   Alle sette e mezza.

2. _____ tutti i giorni?
   Sì, tutti i giorni.

3. _____ al pomeriggio?
   No, mai.

4. _____ la sera?
   Alle otto e mezza.

5. _____ di solito la sera?
   A mezzanotte.

6. _____ un vestito elegante per andare in discoteca?
   No, i jeans e una camicia.

4.9 Qual è il verbo giusto? Complete the following sentences by filling in each blank with the correct reflexive verb from the word bank.

ci divertiamo	Ti fai	si mettono
si veste	mi sveglio	si fa

1. Di solito (io) _____ molto presto, alle 6.

2. Giorgio _____ sempre molto bene.

3. _____ la doccia adesso? Ma è tardi!

4. Renato _____ la barba tutti i giorni.

5. Qualche volta Giada e Sonia _____ la gonna ma di solito portano i pantaloni.

6. Io e Paolo giochiamo a tennis il sabato mattina e _____ molto.

4.10 Che cosa fanno? Listen to the statements and complete each one with the reflexive verb or verb phrase that you hear.

1. Tu e Arianna _____ sempre tardi.

2. Gioia e Stefano _____ presto la mattina.

3. Fabrizio _____ solo il sabato.

4. Io _____ prima di fare colazione.

5. Ilaria _____ davanti allo specchio.

6. Elena, _____ qualche volta?

7. Io e Matteo _____ a giocare ai videogiochi.

8. Il professor Ghirardato _____ sempre molto bene.

PERCORSO II
I PASTI E IL CIBO

Vocabolario: Cosa mangiamo e beviamo? (Textbook pp. 116–118)

4.11 A quale categoria appartengono? Place each food from the lists in the correct category.

banane	bistecca	carote	pesce
macedonia	minestra	uva	fagiolini
gelato	insalata	spaghetti	mele

1. primo piatto: la _____, gli _____

2. secondo piatto: la _____, il _____

3. contorno: le _____, i _____, l'_____

4. frutta, formaggio e dolce: la _____, l'_____, il _____, le _____, le _____

4.12 Primo, secondo, contorno o dolce? Read the statements below. Decide if each food belongs to the course mentioned and select **sì** or **no.** If it is incorrect, write the correct course name on the lines provided.

ESEMPIO: La pasta è un secondo piatto.   *sì*   (no)   *primo piatto*

1. Il riso è un secondo piatto.   sì   no   _____

2. Il gelato è un contorno.   sì   no   _____

3. Il vino è una bevanda.   sì   no   _____

4. Il pollo è un secondo piatto.   sì   no   _____

5. L'arrosto è un primo piatto.   sì   no   _____

6. I pomodori sono un contorno.   sì   no   _____

7. L'aragosta è un secondo piatto.   sì   no   _____

8. Il tiramisù è un dolce.   sì   no   _____

9. L'acqua minerale è una bevanda.   sì   no   _____

10. Gli spaghetti alle vongole sono un secondo piatto.   sì   no   _____

4.13 Tre amici al bar. Listen to the following dialogues and select whether each statement below is **Vero** or **Falso**.

1. Alessio non fa mai colazione. Vero Falso
2. Enzo ha molta fame. Vero Falso
3. Lucia prende un cappuccino e una pasta. Vero Falso
4. Enzo prende un cappuccino e un cornetto. Vero Falso
5. Enzo ordina un cappuccino, due caffè, un cornetto, una pasta e un bicchiere di acqua minerale. Vero Falso
6. Enzo offre la colazione agli amici. Vero Falso

Grammatica

La quantità: *del, dello, dell', della* (Textbook pp. 118–120)

4.14 Il partitivo. Match the correct form of indefinite quantity to each food item.

1. il vino   **a.** della
2. l'olio d'oliva   **b.** dell'
3. lo zucchero   **c.** degli
4. la pasta   **d.** del
5. le patate   **e.** delle
6. i fagiolini   **f.** dello
7. gli spinaci   **g.** dei

4.15 Cosa c'è in tavola? Write the names of the following items with the correct form of indefinite quantity.

1.
   _____

2.
   _____

3.
   _____

4.
   _____

5.

_____

6.

_____

7.

_____

8.

_____

4.16 La lista della spesa.
Antonio is going to the grocery store. Cristiano, his roommate, tells him what to buy. Listen to what Cristiano says and write the foods on their shopping list.

LISTA della SPESA

_____

_____

_____

_____

_____

_____

_____

_____

_____

_____

_____

_____

_____

_____

Grammatica

Il presente di *bere* (Textbook pp. 120–121)

4.17 Cosa bevono? For each sentence, fill in the blanks with the correct form of **bere**.

1. A colazione, Anna _____ un cappuccino.
2. Paolo e Pietro _____ sempre Coca-Cola.
3. Signor Calzolari, cosa _____ Lei di solito a cena?
4. Io _____ solo vino rosso.
5. Signori Odasso, cosa _____ a pranzo?
6. Noi siamo dei salutisti, perciò _____ sempre acqua minerale.

 4.18 Che sete! Listen to the subjects given and complete the sentences with the correct form of the verb **bere** and a beverage that each person might drink.

ESEMPIO: You hear: *Liliana*
You write: *Liliana beve il succo di frutta.*

1. _____
2. _____
3. _____
4. _____
5. _____
6. _____

PERCORSO III
LE STAGIONI E IL TEMPO

Vocabolario: Che stagione preferisci? (Textbook pp. 122–125)

4.19 Le previsioni del tempo. Describe the weather conditions for each of the following drawings.

1.

_____

2.

_____

3.

_____

4.

_____

5.

_____

6.

_____

4.20 Il tempo. Select the letter of the phrase that best completes each sentence.

1. Quando fa brutto tempo
   a. c'è il sole.
   b. fa freddo.
   c. fa caldo.

2. Quando è nuvoloso, molto spesso
   a. c'è il sole.
   b. fa bel tempo.
   c. piove.

3. Quando fa bel tempo, fa caldo e
   a. c'è il sole.
   b. è nuvoloso.
   c. nevica.

4. Quando non fa caldo ma non fa neanche freddo diciamo che
   a. c'è nebbia.
   b. fa fresco.
   c. è nuvoloso.

5. A Chicago ("the windy city"), in autunno
   a. nevica molto.
   b. c'è molta nebbia.
   c. tira vento.

6. In Canada, in inverno
   a. fa molto freddo.
   b. fa molto caldo.
   c. c'è molta nebbia.

4.21 Associazioni. Match each statement with the appropriate weather description.

1. Tutto è bianco.

2. Le persone portano l'ombrello.

3. Nicoletta va al mare e prende il sole.

4. Facciamo un pic-nic nel parco perché il tempo è perfetto.

5. Cesare e Marco non escono. Restano a casa e giocano a carte.

6. Non fa caldo, ma ti metti una giacca e esci a fare una passeggiata.

a. Fa caldo e c'è il sole.

b. Fa fresco.

c. Fa bel tempo.

d. Piove.

e. Fa freddo.

f. Nevica.

4.22 Che tempo fa? Listen to the short dialogues and select the weather conditions you hear mentioned in each dialogue.

	bello	caldo	freddo	nuvoloso	nebbia	vento
1.						
2.						
3.						
4.						

Nome: _____   Data: _____

4.23 Cosa fai e in quale stagione? Next to each season, write two activities that you do during that time of the year.

1. In primavera:
   _____
   _____

2. In estate:
   _____
   _____

3. In autunno:
   _____
   _____

4. In inverno:
   _____
   _____

4.24 Che stagione è? Listen to the following weather descriptions. Then write the name of the season that corresponds with each description.

1. _____
2. _____
3. _____
4. _____

Grammatica
Il presente di *andare, venire* e *uscire* (Textbook pp. 125–126)

4.25 Ascolta e scrivi. You will hear ten conjugated forms of the verbs **andare, venire**, and **uscire**. Write them under the corresponding personal pronoun.

Io	tu	lei/lui/Lei	noi	voi	loro/Loro
_____	_____	_____	_____	_____	_____
_____	_____	_____	_____	_____	_____
_____	_____	_____	_____	_____	_____

4.26 Vai o esci? Complete the following passage with the correct form of the verbs in parentheses.

Marcello e Giulio sono compagni di appartamento. Il lunedì loro (1) _____ (uscire) di casa alle otto e mezzo del mattino e (2) _____ (andare) all'università. Marcello (3) _____ (andare) in biblioteca a studiare e Giulio (4) _____ (andare) nell'aula di informatica a leggere le mail e i quotidiani sportivi online. Alle dieci loro (5) _____ (andare) a lezione. Le lezioni del lunedì sono biologia, chimica e fisica. Loro (6) _____ (uscire) dall'università alle cinque del pomeriggio e (7) _____ (andare) in palestra con gli amici.

4.27 Qual è la domanda? Write the most appropriate question to each answer given, using the correct forms of **andare, venire,** or **uscire.**

ESEMPIO: *A che ora esci?*   Esco alle sette e mezza di sera.

1. _____   Sì, vengo in discoteca.
2. _____   Esco alle otto.
3. _____   Lui va a lezione alle nove di mattina.
4. _____   Andiamo a letto alle undici.
5. _____   No, non vengono in piscina.
6. _____   Sì, veniamo al bar.
7. _____   Sì, vado al mare in estate.
8. _____   No, esco solo(a) qualche volta.

ANDIAMO AVANTI!

Leggiamo

4.28 Prima di leggere. Look at the brief text below and try to deduce the meaning of the title. What do you think the article is about? Write your answer on the lines provided.

_____

_____

4.29 Mentre leggi. As you read the article, underline the words and expressions that help you confirm your ideas.

TEMPERATURE IN CALO A MILANO

Un violento temporale con forti raffiche di vento si è abbattuto nelle ieri mattina su Milano e sull'hinterland. La perturbazione ha provocato un forte abbassamento della temperatura (21 gradi al mattino) anche se la sensazione non è di benessere per il forte grado di umidità presente nell'aria. Nessuna conseguenza per il traffico, già assai scarso in città per le vacanze d'estate.

Per quanto riguarda i prossimi giorni, sono previste pioggia, temporali diffusi e brutti fino a venerdì. Da venerdì è atteso poi un miglioramento, anche se permarranno in parte condizioni di variabilità fino all'inizio della prossima settimana. Nei prossimi giorni le temperature massime saranno comprese tra i 25 e 30°C. ■

4.30 Dopo la lettura. Finally, decide whether the following statements, based on the article above, are **Vero** or **Falso**.

1.	A Milano fa fresco ma è molto umido.	Vero	Falso
2.	C'è molto traffico a causa (*due to*) della pioggia molto forte.	Vero	Falso
3.	A Milano il tempo è brutto per le prossime due settimane.	Vero	Falso
4.	Secondo l'articolo, siamo in estate.	Vero	Falso

Scriviamo

4.31 Una compagna di stanza. You are studying for a semester in Florence. You need a roommate to share your rent, and you want someone whose schedule doesn't conflict with yours. Answer the following questionnaire for the roommate-finder service.

A che ora ti alzi la mattina? _____

Fai colazione di solito? _____

A che ora vai a letto la sera? _____

Cosa studi? _____

Ti piace studiare? _____

Esci spesso con gli amici? _____

Come vi divertite? _____

Mangi carne? _____

Scrivi tre aggettivi che descrivono la tua personalità: _____

4.32 La tua e-mail. Now, read the e-mail you received from Flavia Penna and compare your daily routine to hers. Reply to her e-mail describing your routine, and decide whether the two of you would make good roommates.

Da:	flavia.penna@tiscali.it
A:	
Oggetto:	La mia vita…

Mi chiamo Flavia Penna.

Ho vent'anni, sono italiana, di Ancona, ma da due anni studio economia all'università di Firenze. Sono seria e forse un po' noiosa. Non ho molti amici perché non ho tempo di fare vita sociale. Voglio laurearmi in fretta e andare a Harvard a fare il dottorato (Ph.D.) per poi andare a lavorare alla Banca d'Italia.

Non sono quasi mai a casa. Vado a lezione cinque giorni alla settimana, dal lunedì al venerdì, e nel weekend vado spesso a trovare mia zia. La mia prima lezione è alle nove del mattino ma di solito mi alzo alle sei perché mi piace fare jogging prima di colazione, sia in estate che in inverno. Dopo colazione, mi faccio una doccia veloce ed esco di casa per andare all'università. Dopo pranzo vado in biblioteca a studiare. Torno a casa alle sette di sera, ceno, e poi vado a letto.

Qualche volta, prima di addormentarmi, ascolto musica classica. Esco solo il sabato sera per andare al bar o al cinema con gli amici ma torno sempre a casa entro mezzanotte. Ho dimenticato qualcosa? Ah, sì! Sono vegetariana e non mi piace la carne. Mangio solo verdure, frutta e pasta.

Guardiamo

4.33 Prima di guardare. In this video clip, Chiara, Plinio, Felicita, and Ilaria talk about their daily routines, and Fabrizio talks about his favorite foods. Pay specific attention to their schedule and activities. Then complete the following sentences by filling in the blanks with the appropriate word or phrase.

beve	telefono	cucinare	si alza	mangia

1. Chiara parla al _____ con le amiche.
2. Plinio _____ tardi.
3. Felicita _____ spesso fuori e mangia un sandwich.
4. A colazione Ilaria mangia un toast e _____ un caffè.
5. A Fabrizio piace _____.

4.34 Mentre guardi. While you are watching the video, listen carefully for the answers to the following questions. For each question, select all answers that are correct.

1. Chiara
   a. lavora sempre di pomeriggio.
   b. va spesso al cinema.
   c. va tardi a teatro.

2. Plinio
   a. si alza presto.
   b. di sera pranza alle nove o alle dieci.
   c. mangia quando ha finito di scrivere.

3. Felicita

    a. passa molto tempo in bagno.

    b. mangia la pasta a pranzo.

    c. cena con il marito.

4. Ilaria

    a. si alza alle 7:00 di mattina.

    b. pranza a casa.

    c. va all'università in autobus.

4.35 Dopo aver guardato. Based on the activities and habits of each character, state which one you would most likely share a friendship with and why.

_____

_____

_____

_____

_____

ATTRAVERSO LE MARCHE

4.36 Le Marche. Look at the map on p. 137. Reread the cultural section in Capitolo 4 of your textbook and fill in the blanks with the appropriate words.

1. Le Marche sono una regione nel _____ dell'Italia.

2. L'Emilia-Romagna, la Toscana, l'Umbria, il Lazio e l'Abruzzo sono le _____ che confinano con le Marche.

3. Il mare delle Marche è il mare _____.

4. Urbino, Pesaro, Macerata e Ascoli Piceno sono le _____ delle Marche.

5. Nella cittadina di Recanati è nato il _____ Giacomo Leopardi.

6. A Pesaro è nato il _____ Gioacchino Rossini.

Ecco la mia famiglia

PERCORSO I
LA FAMIGLIA E I PARENTI

*V*ocabolario: **Com'è la tua famiglia?** (Textbook pp. 141–144)

5.1 La famiglia Ghirardato. Look at the family tree below. Then match each name with the phrase that completes the sentence correctly.

1. Lino

2. Paolo

3. Enrico

4. Ottavia e Olivia

5. Camilla e Paolo

6. la madre di Iacopo

7. Camilla

8. Lino e Maria

a. è il padre di Olivia e Iacopo.

b. è la cognata di Camilla.

c. è il nonno di Olivia, Iacopo, Ottavia e Pietro.

d. sono marito e moglie.

e. è lo zio di Olivia e Jacopo.

f. sono le nipoti di Lino e Maria.

g. sono fratelli.

h. è la figlia di Maria.

5.2 Il tuo albero genealogico. Fill in the spaces in the graph below with the names of your family members.

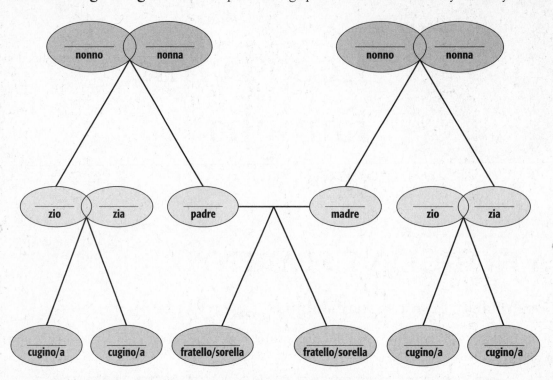

5.3 La famiglia allargata. Match each family member to its description.

1. la madre della moglie
2. il marito della zia
3. il figlio dello zio
4. la moglie del fratello
5. il padre della moglie
6. la madre del padre

a. la cognata
b. il cugino
c. la suocera
d. il suocero
e. lo zio
f. la nonna

5.4 La famiglia di Filippo. Listen to the description of Filippo's extended family and complete the sentences by writing the correct family member on the lines provided.

ESEMPIO: Lorenzo è *il fratello* di Filippo.

1. Teresa e Sara sono _____ di Filippo.

2. Mario e Edda sono _____ di Filippo.

3. Zia Edda è _____ del padre di Filippo.

4. Maria e Nando sono _____ di Filippo.

5. Filippo e Lorenzo sono _____ di Maria e Nando.

6. Anna è _____ di Filippo.

7. Sandro è _____ di Anna.

8. Marta è _____ di Anna e Sandro.

Grammatica

Gli aggettivi possessivi (Textbook pp. 145–147)

5.5 Qual è il femminile? For each masculine possessive pronoun, select the corresponding feminine possessive pronoun.

1. mio	a. le loro
2. Suo	b. mie
3. i nostri	c. vostre
4. il tuo	d. mia
5. vostri	e. le tue
6. i suoi	f. le nostre
7. i loro	g. nostre
8. miei	h. la tua
9. i tuoi	i. Sua
10. nostri	l. le sue

5.6 I possessivi con la famiglia. Fill in the blanks with the correct possessive adjective, including the article when necessary.

1. Di dov'è _____ padre? (tu)
2. _____ marito è inglese. (io)
3. _____ zii sono socievoli. (loro)
4. _____ nonne sono simpatiche. (io)
5. _____ cognata è americana. (lei)
6. _____ fratello studia all'università. (voi)
7. _____ cugine sono di Roma. (noi)
8. _____ mamma è fantastica! (tu)

5.7 Scegli e completa. Complete the following sentences by filling in each blank with the correct possessive adjective from the word bank.

tua	le sue	suo	mia	i miei	i vostri

1. Che bel bambino, signora Dini! È _____ nipote?
2. Quest'estate passo le vacanze al mare con _____ nonni.
3. Signor Casu, Le presento _____ moglie.
4. Erica, quella ragazza è _____ cugina?
5. Giulia e Edoardo, _____ genitori vi chiamano.
6. Amedeo è molto simpatico, ma _____ sorelle sono antipatiche.

5.8 Chiara descrive i suoi parenti. Listen to Chiara's narration and select whether the sentences are **Vero** or **Falso**.

1. La sua famiglia è molto grande.	Vero	Falso
2. I suoi genitori, suo fratello e sua nonna vivono a Treviso.	Vero	Falso
3. Il suo gatto si chiama Bea.	Vero	Falso
4. La moglie di suo zio si chiama Mirella.	Vero	Falso
5. Suo cugino si chiama Giovanni.	Vero	Falso
6. Le sue cugine sono gemelle.	Vero	Falso

5.9 Scambio di informazioni tra amici. Rewrite the sentences below, using a possessive adjective and an article when necessary.

ESEMPIO: Antonio ha un orologio nuovo.
Il suo orologio è nuovo.

1. Io ho una bicicletta rossa.

   _____.

2. Tu hai due compagni di appartamento simpatici.

   _____.

3. Marta e Barbara hanno un professore americano.

   _____.

4. Voi avete un appartamento grande.

   _____.

5. Il cugino di Arianna si chiama Enrico.

   _____.

6. Susan ha un'amica italiana.

   _____.

I pronomi possessivi (Textbook pp. 147–148)

5.10 Studenti smemorati. Complete the following answers by writing the correct possessive pronoun on the lines provided.

ESEMPIO: Quel libro è di Sofia? Sì, è *il suo.*

1. Quella borsa è di Silvia? Sì, è _____.

2. Quello zaino è di Carlo? Sì, è _____.

3. Quelle penne sono di Nadia? No, non sono _____.

4. Quei quaderni sono di Ugo e Piero? Sì, sono _____.

5. Professor Rossi, sono Suoi quei giornali? —No, non sono _____.

6. Anna e Sara, sono vostre quelle matite? —Sì, sono _____.

Il presente di *conoscere* e *sapere* (Textbook pp. 148–151)

5.11 *Conoscere* e *sapere*. Complete the following sentences by writing the correct form of the verbs **conoscere** and **sapere** next to each personal pronoun.

	conoscere	sapere
io	_____	_____
tu	_____	_____
mia cugina	_____	_____
io e mio fratello	_____	_____
tu e i tuoi cugini	_____	_____
i tuoi genitori	_____	_____

5.12 *Conoscere* o *sapere*? Complete the following questions by selecting the correct verb form.

1. Loro (sanno / conoscono) giocare a calcio?
2. Dario, (sai / conosci) mia sorella?
3. Signor Borasio, (sa / conosce) Firenze bene?
4. Ragazzi, (sapete / conoscete) fare l'esercizio di italiano?
5. Tu (sai / conosci) dov'è la facoltà di Economia?
6. Ragazze, (sapete / conoscete) un bar che fa dei buoni panini?

5.13 Davvero? Write sentences using the expressions below and either the verb **sapere** or **conoscere**, as appropriate.

ESEMPIO: tu / cucinare   *Tu sai cucinare.*

1. La professoressa Davis / l'Italia bene _____
2. Susan / recitare bene _____
3. Voi / molti studenti stranieri _____
4. Io e Lorella / il nome di quel nuovo studente _____
5. Io / le opere di Dario Fo _____
6. I miei compagni di appartamento / parlare l'italiano _____

PERCORSO II
LE FESTE IN FAMIGLIA

Vocabolario: Che cosa festeggiate? (Textbook pp. 152–154)

5.14 L'intruso. Select the word or expression that does not belong in each group.

1. dare una festa   invitare   fare una foto
2. il diploma   il bicchiere   la laurea
3. mandare un invito   laurearsi   sposarsi

4. la torta	lo spumante	la laurea
5. l'ospite	il compleanno	l'anniversario
6. il ricevimento	il diploma	gli invitati
7. fare una foto	festeggiare	fare gli auguri
8. festeggiare	spedire	fare una festa

5.15 Che cosa dici? Next to the description of each event, complete the appropriate response by filling in the correct letters.

1. Tuo cugino si sposa.   C _ _ _ R _ _ _ _ _ _ Z _ _ N _!

2. Un amico ti presenta una nuova studentessa.   P _ _ _ _ _ R _!

3. È il tuo compleanno e ti fanno un regalo.   G _ _ Z _ _!

4. È il compleanno di tuo fratello.   _ _ _ N C _ M P _ _ _ N _ _!

5. I tuoi genitori festeggiano vent'anni di matrimonio.   _ _ G _ R _!

 5.16 Che festa è? Listen to the following short dialogues and select the letter of the answer that best completes each statement.

Dialogue 1

1. Marta chiama Matteo per invitarlo

   a. a un matrimonio.

   b. a una festa di laurea.

   c. a una festa di compleanno.

2. Marta e Matteo regalano

   a. un libro.

   b. un CD.

   c. una torta.

Dialogue 2

3. Gloria e Stefania danno un festa per

   a. la laurea di una loro amica.

   b. il diploma di una loro amica.

   c. l'anniversario di matrimonio dei genitori di Gloria.

4. Gloria e Stefania invitano alla festa

   a. gli amici di Rita.

   b. gli amici e i parenti di Rita.

   c. gli amici e i genitori di Rita.

5. Per la festa Gloria e Stefania comprano

   a. solo una torta.

   b. una torta e dieci bottiglie di spumante.

   c. una torta, dieci bottiglie di spumante e i palloncini.

Nome: _____   Data: _____

Grammatica

Il presente di *dare* e *dire* (Textbook pp. 154–155)

5.17 Dire e dare. Write the missing verb forms on the lines provided.

	dire	dare
io	dico	_____
tu	_____	dai
lui/lei/Lei	dice	da
noi	_____	_____
voi	_____	date
loro/Loro	dicono	_____

5.18 *Dire o dare*? Select the letter of the phrases that best complete the sentences.

1. Luca e Claudio
2. Io
3. Io e Gabriella
4. Voi
5. Tu
6. Sabrina

a. dai un biglietto di auguri ai tuoi zii.
b. diamo un regalo a Riccardo.
c. dice sempre «No!»
d. danno una festa domani.
e. dico: «Piacere, mi chiamo Alberto» quando incontro un nuovo studente.
f. dite «Buongiorno!» alla professoressa.

5.19 Correggi gli errori. Four of the following sentences contain mistakes in the use of **dare** and **dire**. First select the incorrect form in the sentence, and then write the correct form of the verb on the lines provided. If there is no error, write *correct* on the line next to the sentence.

1. Io dai un libro a mia sorella per il suo compleanno. _____
2. Voi dite «grazie» ai nonni del bel regalo. _____
3. Loro date la torta e lo spumante agli ospiti. _____
4. L'invitato dici «grazie dell'invito». _____
5. Noi danno una festa per l'anniversario dei nostri genitori. _____
6. Tu dici sempre «Buongiorno!» la mattina. _____

I pronomi diretti: *lo, la, li, le* (Textbook pp. 155–158)

5.20 Quattro amici fanno una festa. Select the direct object nouns in the following dialogue. Then write the correct direct object pronoun next to each sentence on the lines provided.

ESEMPIO: Io porto *i bicchieri*. *li*

1. Giorgia: Io faccio la torta! _____
2. Carlotta: Ma non sai cucinare! Compro io la torta e le candeline. _____ / _____
3. Giorgia: Va bene. . . allora io compro lo spumante. _____
   Marco: Scusate, ma chi invitiamo?

4. Cristiano: Invitiamo gli amici e i compagni di università. _____ / _____

5. Giorgia: Io voglio invitare anche le mie amiche
   del Conservatorio, sono simpatiche! _____

6. Marco: E io invito Tim, lo studente americano. _____

7. Carlotta: Chi manda gli inviti? _____

   Giorgia e Marco: Cristiano! Lui ha molto tempo libero.

5.21 Cosa offri e chi inviti? Answer the questions with the correct direct object pronouns and the verbs in parentheses.

ESEMPIO: Tu fai la torta?
           Sì, *la cucino io.* (cucinare)

1. Offri il vino?
   Sì, _____ mio cugino. (portare)

2. Chi prepara i dolci?
   _____ Mirella e Loredana. (cucinare)

3. Servi le pizze?
   Sì, _____ Ciro. (comprare)

4. Servi gli antipasti?
   No, non _____. (preparare)

5. Inviti l'amica di tuo cugino?
   No, non _____. (conoscere)

6. E le tue sorelle?
   Sì, _____. (invitare)

5.22 Una cena complicata. Anna has invited three friends over for dinner. Since they have dietary restrictions, she has to think carefully about what to serve. Listen to what she says and complete the following sentences using the appropriate direct object pronouns.

ESEMPIO: You hear: Claudia non mangia la pasta.

           You write: Claudia *non la mangia.*

1. Claudia _____.

2. Renata _____.

3. Vincenzo _____.

4. Io e Renata _____.

5. Io _____.

6. Io _____.

7. Io _____.

8. Claudia _____.

Nome: _____ Data: _____

PERCORSO III
LE FACCENDE DI CASA

*V*ocabolario: **Che cosa devi fare in casa?** (Textbook pp. 159–161)

5.23 Le faccende di casa. Write the household chores that correspond to each drawing.

1.

_____

2.

_____

3.

_____

4.

_____

5.

_____

6.

_____

7.

_____

8.

_____

5.24 Ogni quanto? You will hear Beatrice talking about her household chores. The first time you hear her description, write what her chores are. Then, after listening to her description a second time, write how often she does each one.

	Che cosa?	**Ogni quanto?**
1.	_____	_____
2.	_____	_____
3.	_____	_____
4.	_____	_____
5.	_____	_____
6.	_____	_____
7.	_____	_____
8.	_____	_____

Grammatica

Il presente di *dovere, potere* e *volere* (Textbook pp. 161–163)

5.25 *Dovere, potere* e *volere.* Complete the following verb forms by writing the missing letters on the lines provided.

Dovere	Potere	Volere
1. d _ v o	p o _ _ o	v o _ _ i o
2. d e v _	p _ o i	v u _ _
3. d e _ _	p u _	v _ _ l e
4. d o _ _ i a m o	p o s _ _ a m o	v o g l _ _ m o
5. d _ _ e t e	p o _ e t e	v o l _ _ e
6. d _ _ o n o	p o s _ _ n o	v o _ _ i o n o

5.26 Opinioni. Everyone seems to have conflicting opinions about what to do. Rewrite each sentence you see to reflect a different idea from the one suggested, as in the example.

ESEMPIO: Carlo vuole andare al cinema.
           Io *voglio andare in palestra*.

1. Vogliamo andare in pizzeria.

   Loro _____.

2. Devo pulire la casa.

   Tu _____.

3. Devo fare la spesa.

   Sandra _____.

4. Carlo e Sandra possono spazzare.

   Tu e Maria _____.

5. Io posso stirare.

   Enrico _____.

6. Maria vuole un cappuccino.

   Tu _____.

5.27 Mini dialoghi. Complete the following short dialogues by writing the correct form of **dovere**, **potere** or **volere**.

1. —Anna, (potere) _____ fare la spesa tu oggi?

   —No, non (potere) _____. Ho lezione all'università fino alle otto stasera.

2. —Giochiamo a tennis domani mattina?

   —Noi non (potere) _____. Io (dovere) _____ pulire la casa, Ugo (dovere) _____ fare la spesa e Luca (volere) _____ andare in biblioteca.

3. —Ragazzi, andiamo al cinema stasera?

   —Noi (dovere) _____ studiare stasera. Abbiamo un esame domani.

4. —Paola, Lucia e Stefano (volere) _____ conoscere i tuoi amici.

   —Va bene. (Potere) _____ loro venire a casa mia sabato sera?

5. —Perché (volere) _____ (tu) un computer nuovo?

   —Perché ne (volere) _____ uno più veloce.

6. —Tu e Marcello (dovere) _____ fare un regalo ai vostri zii per il loro anniversario.

   —Sì, cosa (potere) _____ comprare?

5.28 *Dovere, potere, volere* **e i pronomi.** You volunteered to housesit for a friend during his vacation; but first, you want to know what your responsibilities are and what you can and cannot do in the house. Look at the list below and write down your friend's answers to your questions, as in the example. Be sure to use direct-object pronouns when needed.

annaffiare le piante	tre volte alla settimana
passare l'aspirapolvere	spesso
spolverare i mobili	una volta alla settimana
fare la spesa	X
fare il bucato	X
invitare gli amici a cena	una volta alla settimana
fare una festa	X
cucinare	ogni tanto
usare il computer	X

ESEMPIO: Devo annaffiare le piante?
           Sì, le devi annaffiare tre volte alla settimana.

1. Devo passare l'aspirapolvere?

   _____

2. Devo spolverare i mobili?

   _____

3. Devo fare la spesa?

   _____

4. Devo fare il bucato?

   _____

5. Posso invitare gli amici a cena?

   _____

6. Posso cucinare?

   _____

7. Posso fare una festa?

   _____

8. Posso usare il computer?

   _____

5.29 Discorsi da studenti. . . Listen to the statements and write the activities or chores you hear that are preceded by *dovere, potere,* or *volere* in the correct columns.

	Dovere	Potere	Volere
1.	_____	_____	_____
	_____	_____	_____
2.	_____	_____	_____
	_____	_____	_____
3.	_____	_____	_____
	_____	_____	_____
4.	_____	_____	_____
	_____	_____	_____

ANDIAMO AVANTI!

Leggiamo

5.30 Prima di leggere. Read the title and the first sentence of the brief magazine article below and choose the letter of the best answer.

1. Chi è una casalinga?
   a. una donna che si dedica ai lavori di casa e non ha un lavoro fuori casa
   b. una donna che ha un lavoro fuori casa

2. Quanti anni hanno le donne «sopra i 40»?
   a. meno di quaranta   b. più di quaranta

3. Con quale parola possiamo sostituire l'espressione «gentil sesso»?
   a. donne   b. uomini

5.31 Mentre leggi. Now, as you read the article, underline the words and expressions you are familiar with.

☐ CASALINGHE DISPERATE O MAMME MULTITASKING?

Un' indagine[1] sul rapporto tra le donne italiane sopra i 40 e la tecnologia rivela alcuni interessanti aspetti socio-culturali del «gentil sesso» nell'era della digital home. Secondo il 75% delle italiane, le donne sono molto più multitasking, ovvero capaci di fare più attività in simultanea, degli uomini. Ma quante e quali sono le attività che le donne fanno in casa, anche contemporaneamente? Moltissime. Il 77% delle donne, oltre a seguire i figli, farli giocare o studiare, fanno anche altre cose mentre sono in casa: cucinare, lavare, stirare e pulire.

Tutte le donne italiane si riconoscono questa qualità multitasking, tipica dei computer avanzati. Che aiuto vogliono dalla tecnologia? Le italiane hanno le idee molto chiare a questo proposito: la tecnologia deve semplificare e evitare[2] i lavori di casa, che prendono loro molto più tempo che alle altre donne europee. In altre parole, vogliono che i computer e le altre tecnologie elettroniche le aiutino a fare le faccende di casa più rapidamente. ■

1. investigation   2. avoid

5.32 Dopo la lettura. Finally, answer the following questions based on the article.

1. Perché le donne italiane sono più *multitasking* degli uomini?

   _____

   _____

2. Scrivi tutte le attività che le donne italiane fanno spesso in casa simultaneamente.

   _____

   _____

3. Che cosa vogliono le donne italiane dalla tecnologia?

   _____

   _____

Scriviamo

5.33 Una festa a sorpresa. Your Italian friend Fabrizio wrote you an e-mail telling you about an upcoming surprise birthday party. First, read the e-mail and take note of the information Fabrizio gives about his family. Then, write an e-mail of five to six lines back to Fabrizio, telling him about an upcoming party you are going to attend. Tell him what the occasion is and which of your family members are going to be present.

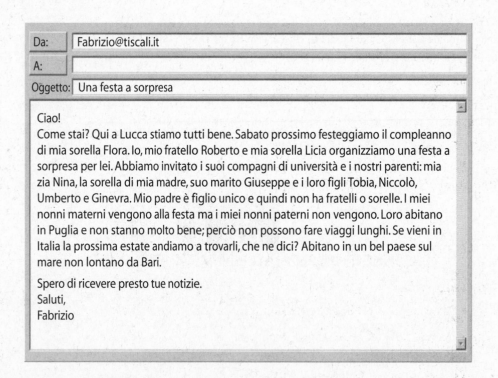

Da: Fabrizio@tiscali.it

A:

Oggetto: Una festa a sorpresa

Ciao!
Come stai? Qui a Lucca stiamo tutti bene. Sabato prossimo festeggiamo il compleanno di mia sorella Flora. Io, mio fratello Roberto e mia sorella Licia organizziamo una festa a sorpresa per lei. Abbiamo invitato i suoi compagni di università e i nostri parenti: mia zia Nina, la sorella di mia madre, suo marito Giuseppe e i loro figli Tobia, Niccolò, Umberto e Ginevra. Mio padre è figlio unico e quindi non ha fratelli o sorelle. I miei nonni materni vengono alla festa ma i miei nonni paterni non vengono. Loro abitano in Puglia e non stanno molto bene; perciò non possono fare viaggi lunghi. Se vieni in Italia la prossima estate andiamo a trovarli, che ne dici? Abitano in un bel paese sul mare non lontano da Bari.

Spero di ricevere presto tue notizie.
Saluti,
Fabrizio

Guardiamo

5.34 Prima di guardare. In this video clip, Felicita, Fabrizio, and Ilaria talk about their families and their lives at home. Make a list of some tasks and activities that pertain to the home on the lines below.

1. _____   4. _____

2. _____   5. _____

3. _____

5.35 Mentre guardi. As you watch the video, select the letter of the correct answer to each of the following questions.

1. Felicita è sposata dal mese di
   a. gennaio del 2001.
   b. luglio del 2004.
   c. dicembre del 2000.
   d. marzo del 2006.

2. Felicita passa le feste
   a. con gli amici.
   b. al mare.
   c. con la famiglia.
   d. con i suoi bambini.

3. Il cane di Felicita
   a. è buono anche con i gatti.
   b. non dorme mai.
   c. è un gatto.
   d. ha quattro fratelli.

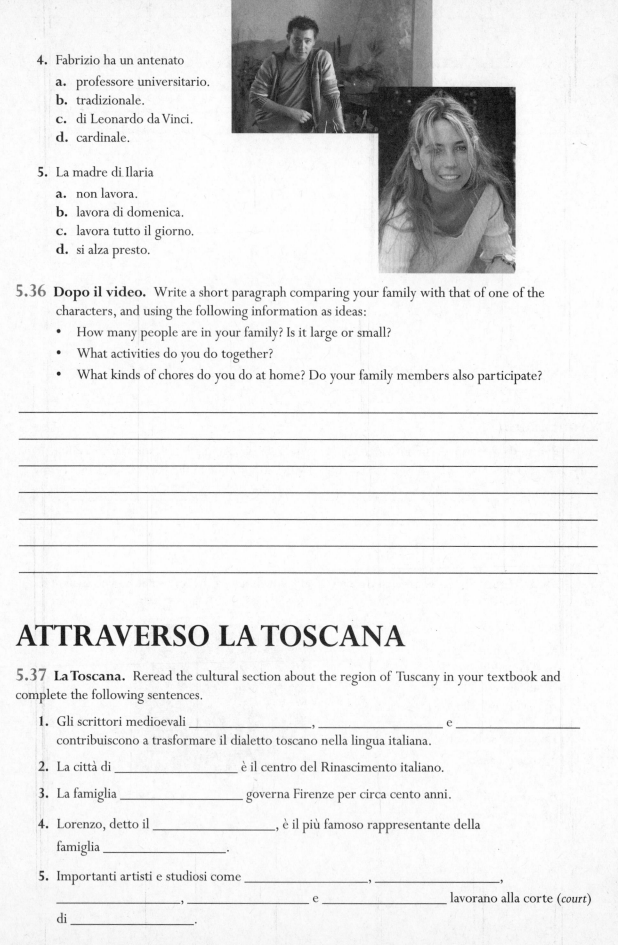

4. Fabrizio ha un antenato
   a. professore universitario.
   b. tradizionale.
   c. di Leonardo da Vinci.
   d. cardinale.

5. La madre di Ilaria
   a. non lavora.
   b. lavora di domenica.
   c. lavora tutto il giorno.
   d. si alza presto.

5.36 Dopo il video. Write a short paragraph comparing your family with that of one of the characters, and using the following information as ideas:

- How many people are in your family? Is it large or small?
- What activities do you do together?
- What kinds of chores do you do at home? Do your family members also participate?

_____

_____

_____

_____

_____

_____

_____

ATTRAVERSO LA TOSCANA

5.37 La Toscana. Reread the cultural section about the region of Tuscany in your textbook and complete the following sentences.

1. Gli scrittori medioevali _____, _____ e _____ contribuiscono a trasformare il dialetto toscano nella lingua italiana.

2. La città di _____ è il centro del Rinascimento italiano.

3. La famiglia _____ governa Firenze per circa cento anni.

4. Lorenzo, detto il _____, è il più famoso rappresentante della famiglia _____.

5. Importanti artisti e studiosi come _____, _____, _____, _____ e _____ lavorano alla corte (*court*) di _____.

Nome: _____   Data: _____

Casa mia, casa mia…

PERCORSO I
LE STANZE E I MOBILI

**𝒱ocabolario: Cosa c'è nel palazzo? E nell'appartamento?
E nelle stanze?** (Textbook pp. 175–178)

6.1 Il palazzo e l'appartamento. Look at the drawing of an apartment building and write the name of each structure and room in the boxes provided. Be sure to include the correct definite article before each word.

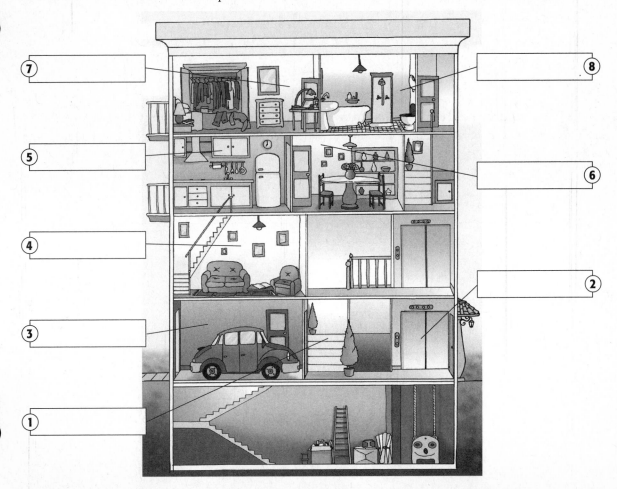

6.2 In quale stanza li trovi? Select the room in which you usually find the following pieces of furniture and objects.

1. il cassettone	sala da pranzo	studio	camera da letto	bagno
2. il comodino	sala da pranzo	studio	camera da letto	bagno
3. l'armadio	sala da pranzo	studio	camera da letto	bagno
4. la doccia	sala da pranzo	studio	camera da letto	bagno
5. la vasca	sala da pranzo	studio	camera da letto	bagno
6. il letto	sala da pranzo	studio	camera da letto	bagno
7. il tavolo	sala da pranzo	studio	camera da letto	bagno
8. il lampadario	sala da pranzo	studio	camera da letto	bagno

6.3 In quale stanza fai queste attività? Match each activity with the room in which it most logically takes place.

1. svegliarsi
2. cenare con i parenti
3. guardare la televisione
4. lavare i piatti
5. fare la barba
6. annaffiare le piante

a. il balcone
b. il bagno
c. il soggiorno
d. la sala da pranzo
e. la camera da letto
f. la cucina

 6.4 Cercasi urgentemente appartamento. Aurora is looking for an apartment to rent. As you listen to what she says, write as much information as possible about her, what she is looking for, and why.

1. Chi è Aurora?

_____

_____

2. Che cosa cerca?

_____

_____

3. Perché?

_____

_____

Nome: _____   Data: _____

Grammatica

Le preposizioni (Textbook pp. 179–181)

6.5 Le preposizioni articolate. Fill in the chart with the appropriate prepositions.

	il	lo	l'	la	i	gli	le
a	al	_____	_____	_____	_____	_____	alle
da	_____	dallo	_____	_____	_____	_____	
di	_____	_____	_____		dei	_____	_____
in	_____	_____		nella	_____	_____	_____
su	_____	_____	sull'	_____	_____	sugli	_____

6.6 Qual è la preposizione corretta? Complete each of the following phrases with the correct prepositions.

a   1. vicino _____ porta   2. _____ pianterreno   3. di fronte _____ ascensore

in   4. _____ zaino   5. _____ armadio   6. _____ cassettone

su   7. _____ letto   8. _____ sedia   9. _____ pareti

6.7 Con o senza l'articolo? Read the following sentences and select the correct prepositions in each.

1. L'università è (in / nel) centro ma io abito (in / nella) periferia.

2. La facoltà di Matematica è vicino (a / al) cinema, davanti (a / alla) biblioteca.

3. Torno (a / alla) casa alle sette e alle otto vado (in / nella) piscina.

4. I libri sono (in / nello) zaino e lo zaino è vicino (a / allo) stereo.

5. Il quaderno è (su / sul) letto e il letto è di fronte (a / all') armadio.

6. (Su / Sulla) scrivania ci sono le penne ma le matite sono (su / sul) tavolo.

6.8 Dove? Answer the following questions about your own place of residence, using the correct prepositions.

1. Dov'è il tuo appartamento/ la tua casa? _____

2. Dov'è la tua camera da letto? _____

3. Dove guardi la televisione? _____

4. Dov'è il tuo computer? _____

5. Dove fai colazione? _____

6. Dove studi? _____

6.9 Il monolocale di Aurora. Listen to Aurora describe her new studio apartment. Then choose the letter that correctly completes each statement.

1. L'appartamento di Aurora è. . .
   a. al secondo piano.
   b. al primo piano.
   c. al pianterreno.

2. Il letto è. . .
   a. destra della finestra.
   b. a sinistra della finestra.
   c. sotto la finestra.

3. Il tappeto è. . .
   a. sul tavolino.
   b. per terra, sotto il tavolino.
   c. per terra, vicino al tavolino.

4. Sulla scrivania ci sono. . .
   a. il computer e dei libri.
   b. il telefono e una lampada.
   c. dei libri, il telefono e una lampada.

PERCORSO II
L'ARREDAMENTO DELLA CASA

*V*ocabolario: Cosa ci mettiamo? (Textbook pp. 182–184)

6.10 Mobili, accessori o elettrodomestici? Put each of the following words into the appropriate category below.

| il televisore | la sveglia | il cassettone | la lavastoviglie | il comodino |
| il frigorifero | il divano | il lettore DVD | la poltrona | il letto |

	Mobili	Accessori	Elettrodomestici
la camera da letto	_____	_____	_____
	_____	_____	_____
la cucina	_____	_____	_____
	_____	_____	_____
il soggiorno	_____	_____	_____
	_____	_____	_____
	_____	_____	_____

6.11 Che cosa manca? Now write three items not listed in the table above that one would likely need in each of the rooms.

1. la camera da letto: _____, _____ e _____.

2. la cucina: _____, _____ e _____.

3. il soggiorno: _____, _____ e _____.

6.12 Vero o falso? As you listen to the different statements about the location of several furnishings and objects, look at the drawing and select whether each statement is **Vero** or **Falso**.

1. Vero   Falso
2. Vero   Falso
3. Vero   Falso
4. Vero   Falso
5. Vero   Falso
6. Vero   Falso

6.13 Lo studio di Carla. You will hear Carla and Giulia talk about Carla's new den. While listening to the dialogue, describe the room, furnishings, and how Carla has them arranged.

_____
_____
_____
_____
_____
_____
_____
_____
_____
_____
_____

Grammatica

Ci (Textbook pp. 184–185)

6.14 Cosa fa Gianni all'università? Write the questions that would most logically precede Gianni's answers.

ESEMPIO: *Cosa fai sul campo da tennis?*
            Ci gioco a tennis con il mio amico Giorgio.

1. _____?

   Ci studio.

2. _____?

   Ci mangio.

3. _____?

   Ci bevo un caffè con gli amici.

4. _____?

   Ci nuoto.

5. _____?

   Ci leggo le mail.

6. _____?

   Ci ascolto i CD d'italiano.

6.15 Dove li mettiamo? You have just moved into a new apartment with a friend and you are discussing where to put some of your furnishings. Rewrite the sentences, substituting the underlined words with **ci**.

ESEMPIO: Mettiamo il tavolino <u>nella camera da letto</u>.
            Ci mettiamo il tavolino.

1. Mettiamo il divano <u>in soggiorno</u>. _____

2. Mettiamo la lavatrice <u>in cucina</u>. _____

3. Metto lo stereo <u>nella mia camera da letto</u>. _____

4. Metti il computer <u>nella tua camera da letto</u>. _____

5. Mettiamo la libreria <u>in soggiorno</u>, davanti al divano. _____

6. Metto la bicicletta <u>sul balcone</u>. _____

Ne (Textbook pp. 185–186)

6.16 La casa dei genitori di Gianni. Write Gianni's answers to the questions a friend asks him about his parents' house, using **ne** as in the example.

ESEMPIO: Ha un'ascensore?
Sì, ne ha uno. / No, non ne ha uno.

1. Ha tre piani?

   No, _____ .

2. Ha due balconi?

   Sì, _____ .

3. Ha due camere da letto?

   No, _____ .

4. Ha tre bagni?

   Sì, _____ .

5. Ha un garage?

   Sì, _____ .

6. Ha un giardino?

   Sì, _____ .

6.17 *Ci o ne*? A friend asks you questions about the party you are organizing. Write answers to her questions using either **ci** or **ne**.

1. Quanti amici inviti alla festa?

   _____ .

2. Anna viene alla festa?

   _____ .

3. Piero e Sandro comprano della birra?

   _____ .

4. Quante torte servi?

   _____ .

5. Cosa metti in soggiorno?

   _____ .

6. Vai spesso alle feste?

   _____ .

6.18 Com'è il tuo nuovo appartamento? One of your friends asks you several questions about your home. Listen to her questions and write your answers using **lo, la, li, le, ci**, or **ne** as appropriate.

> ESEMPIO: You hear: Quante stanze hai?
> You write: *Ne ho cinque.*

1. _____.
2. _____.
3. _____.
4. _____.
5. _____.
6. _____.
7. _____.
8. _____.

I numeri dopo 100 (Textbook pp. 186–189)

6.19 Numeri sull'Italia. Match the first part of each sentence to the information that logically completes it.

1. La Seconda Guerra Mondiale finisce
2. L'Italia ha circa
3. L'Italia vince il Campionato del Mondo di calcio
4. Sofia Loren nasce
5. Un monolocále in centro a Milano costa circa
6. Una Fiat Punto costa circa
7. Un vestito da sera di Armani costa circa
8. Una bottiglia di Chianti costa circa

a. 60.000.000 di abitanti.
b. 240.000 euro.
c. 13.000 euro.
d. 3.000 euro.
e. 10 euro.
f. nel 2006!
g. nel 1945.
h. nel 1934.

6.20 Identifica il numero. You will hear a number from each of the following series. Identify and select the number in each group.

1. 114	360	850	524
2. 213	330	490	919
3. 818	625	723	513
4. 667	777	984	534
5. 1.310	1.420	3.640	6.860
6. 10.467	50.312	100.000	2.000.000

PERCORSO III
LE ATTIVITÀ IN CASA

*V*ocabolario: Che cosa hanno fatto? (Textbook pp. 190–192)

6.21 La serata di Stefania. Match each of Stefania's activities with the item or place that is best associated with it.

1. Ha nuotato.
2. Ha guardato un film.
3. Ha fatto il bucato.
4. Ha cenato con un amico.
5. Ha letto le mail.
6. Ha chiamato sua madre.
7. Ha annaffiato le piante.
8. Ha fatto una torta.

a. il ristorante
b. il cinema
c. il telefono
d. la piscina
e. la lavatrice
f. il forno
g. il balcone
h. il computer

6.22 Che cosa hanno fatto Marco e Silvana ieri? Listen to what Marco and Silvana did yesterday and write the letter of each description next to the drawing that best depicts it.

1.

_____

2.

_____

3.

_____

4.

_____

5.

6.

_____   _____

 6.23 Com'è Angelo? Listen to Angelo's short description of how he spent his Sunday. Then decide whether the following statements apply to him by selecting whether they are **Vero** or **Falso**.

1. Dedica la domenica mattina   Vero   Falso   4. Gli piace ascoltare   Vero   Falso
   alle pulizie di casa e allo sport.   la musica.
2. È studioso e diligente.   Vero   Falso   5. Non gli piace cucinare.   Vero   Falso
3. È pigro.   Vero   Falso   6. Studia medicina.   Vero   Falso

Grammatica

Il passato prossimo con *avere* (Textbook pp. 192–194)

6.24 Il participio passato. First, decide whether the past participles in the word bank belong to the **-are, -ere**, or **-ire** verb group and put them in the correct category. Then, next to each past participle, write down the corresponding infinitive form.

> pulito   bevuto   offerto   sentito   fatto
> mangiato   conosciuto   scritto   dato   detto

-are	**Infinito**
_____	_____
_____	_____
_____	_____
_____	_____

-ere	**Infinito**
_____	_____
_____	_____
_____	_____
_____	_____

-ire	**Infinito**
_____	_____
_____	_____
_____	_____
_____	_____

6.25 Presente o passato prossimo? Listen to the sentences and select whether the speaker is using verb forms in the present or in the past.

1.	Presente	Passato Prossimo
2.	Presente	Passato Prossimo
3.	Presente	Passato Prossimo
4.	Presente	Passato Prossimo
5.	Presente	Passato Prossimo
6.	Presente	Passato Prossimo

6.26 *Io, lei, noi o loro*? Read the following sentences and fill in the blanks with the correct subject pronoun.

1. Ho stirato per due ore. _____
2. Ha scritto una mail. _____
3. Hanno pranzato a casa. _____
4. Abbiamo visto una commedia a teatro. _____
5. Ha parlato con il professore di italiano. _____
6. Hanno fatto la spesa al supermercato. _____
7. Abbiamo spedito gli inviti per la festa. _____
8. Ho offerto un aperitivo alle mie amiche. _____

6.27 Brevi conversazioni tra studenti. Fill in the blanks with the correct past participle form of the verbs in parentheses.

1. —Perché hai _____ (parlare) con Federica?
   —Perché voglio fare una festa di compleanno per Carlo.

2. —Maria, ho _____ (sapere) che ti laurei.
   —Chi ti ha _____ (dire) che mi laureo? Ma se non ho ancora _____ (finire) gli esami!

3. —Ho _____ (comprare) un computer nuovo.
   —Quanto lo hai _____ (pagare)?

4. —Arianna ha _____ (regalare) a Elisa un bel tappeto arancione.
   —Dove l'ha _____ (mettere)? Davanti al divano.

5. —Abbiamo _____ (pulire) il nostro appartamento tutta la mattina.
   —Io, invece, ho _____ (leggere) un bel libro e ho _____ (scrivere) delle mail.

6. —Elisabetta, hai _____ (conoscere) il nuovo studente americano?
   —Quel ragazzo che ha _____ (dare) una festa la settimana scorsa?

7. —Avete _____ (fare) la spesa?

—No, abbiamo _____ (decidere) di andare al supermercato domani.

8. —Hai _____ (prendere) un regalo per Giacomo?

—No, non l'ho ancora _____ (cercare).

6.28 Metti in ordine le frasi. Unscramble the sentence fragments and conjugate the verb in the **passato prossimo** to reveal what some students did yesterday.

ESEMPIO: ieri sera / Daniela / con il suo ragazzo / cenare
Ieri sera Daniela ha cenato con il suo ragazzo.

1. io / con due amiche / pranzare

_____

2. parlare / Michelle e Elena / con il professore d'italiano

_____

3. preparare / una torta / noi

_____

4. la cucina / io e Marzia / pulire

_____

5. spedire / non / tu / gli inviti

_____

6. dello spumante / Marisa e Rocco / e dei dolci / servire

_____

6.29 Che cosa ha fatto Diego? You will hear Diego talking about four things he did. Write the activity he did, when he did it, and on which occasion, in the appropriate column.

	Che cosa?	Quando?	Quale occasione?
1.	_____	_____	_____
2.	_____	_____	_____
3.	_____	_____	_____
4.	_____	_____	_____

L'accordo del participio passato con i pronomi di oggetto diretto
(Textbook pp. 196–197)

6.30 Una cena. Complete the following sentences by filling in the blanks with the correct direct-object pronoun and the correct ending of the past participle.

1. _____ ho pres____ io. (il vino)

2. _____ hanno comprat____ loro. (la frutta)

3. _____ ha preparat____ Rachele. (gli antipasti)

4. _____ ho cucinat____ io. (le lasagne)

5. _____ ho comprat____ sei. (bottiglie di vino)

6. _____ ha portat____ Sandra. (il tiramisù)

6.31 Lo sai che. . . ? Giovanna tells Enrica what a mutual friend of theirs did when she moved into her new apartment. Rewrite the sentences by substituting the underlined words or expressions with a direct object pronoun and by changing the past participle when necessary.

1. Ha messo <u>la poltrona</u> vicino alla finestra.

   _____.

2. Ha comprato <u>le sedie per la cucina</u>.

   _____.

3. Non ha ancora comprato <u>i comodini per la camera da letto</u>.

   _____.

4. Non ha ancora preso <u>il divano</u>.

   _____.

5. Ha comprato <u>due tappeti colorati</u>.

   _____.

6. Ha messo <u>molte piante</u> in soggiorno.

   _____.

6.32 *Già o ancora*? Answer your roommate's questions using **già** or **ancora**, as appropriate.

ESEMPIO: Hai fatto il bucato?
        Sì, *l'ho gia fatto.* / No, *non l'ho ancora fatto.*

1. Hai fatto la spesa?

   Sì, _____.

2. Hai spedito gli inviti?

   Sì, _____.

3. Hai ordinato la torta?

   No, _____.

4. Hai invitato i tuoi genitori?

   Sì, _____.

5. Hai chiamato Luisa?

   No, _____.

6. Hai deciso che cosa offrire come aperitivo?

   No, _____.

ANDIAMO AVANTI!

Leggiamo

6.33 Prima di leggere. First, decide which of the following characteristics the "smart home" of the future will have. Then select each characteristic that may be possible, but not yet readily available.

1. dispositivi e sensori per controllare il consumo di acqua, gas ed elettricità _____

2. sensori per controllare la temperatura e l'umidità _____

3. porte e finestre automatiche _____

4. controllo vocale degli elettrodomestici _____

5. controllo vocale del sistema di sicurezza _____

6. controllo telefonico di apparecchiature e dispositivi elettrici _____

7. diffusione di audio e video in tutte le stanze _____

8. elettrodomestici con funzioni multiple _____

9. robot dog-sitter/giardiniere _____

10. robot maggiordomo _____

6.34 Mentre leggi. The article below describes the "smart home" of the future. As you read it, underline all the words and expressions relating to technology that you understand.

L'intelligenza è di casa

La IBM sta lavorando a un prototipo di casa intelligente dotato di arredi e apparecchiature capaci di svolgere molte attività, dal monitoraggio della frequenza cardiaca (heart rate) all'invio di messaggi on-line per avvisare che la porta del garage è aperta.

Gli esperti descrivono la casa intelligente come una casa con molte apparecchiature elettriche e elettroniche, controllate da un computer, che comunicano tra di loro. Ma quali sono le differenze tra una casa tradizionale e una casa intelligente?

La casa intelligente facilita il lavoro domestico: apre e chiude porte e finestre, mette in funzione gli elettrodomestici e distribuisce musica e immagini in tutte le stanze. Inoltre, permette di mettere in funzione gli elettrodomestici mentre siamo fuori casa con il telefono cellulare.

La casa intelligente permette anche un uso più efficiente degli apparati elettrici e elettronici al suo interno. Gli elettrodomestici, ad esempio, possono avere funzioni multiple: un forno a microonde si può anche usare per guardare la televisione, un frigorifero si può collegare a Internet e permette a una persona di navigare la rete o inviare messaggi elettronici.

"Casa intelligente" significa anche sicurezza (security): un sensore è capace di avvisarti, al cellulare o in ufficio, se c'è una perdita (leak) nell'impianto del gas o nell'impianto idrico. È quindi possibile controllare la tua casa e la gestione di tutte le apparecchiature e gli elettrodomestici quando sei fuori.

Possiamo dire, quindi, che la casa del futuro è una versione tecnicamente più sofisticata della casa del presente. Garantisce comfort, sicurezza e comunicazione multimediale. Ma una casa ultratecnologica cambia la vita delle persone in positivo o in negativo? ■

6.35 Dopo la lettura. Read the e-mail that the architect Ilaria Mazzoleni writes to one of her colleagues, and fill in the blanks with the appropriate word from the word bank.

> navigare   finestre   Internet   sensori   messaggi
> tecnologiche   intelligente   futuro   funzioni   casa

Da:	ilaria.mazzoleni @tiscali.it
A:	m.renzo @tiscali.it
Oggetto:	Una casa intelligente per Benetton…

Caro Renzo,

Ti scrivo per comunicarti una notizia sensazionale! Luciano Benetton ha bisogno di una casa (1) _____ a Milano. Come ben sai, Tronchetti Provera è molto ricco e vuole una (2) _____ con tutte le ultime novità (3)_____ . Desidera una casa con dispositivi e sensori per aprire e chiudere porte e (4)_____ . Vuole anche avere degli elettrodomestici con (5)_____ multiple. Gli interessa in modo particolare il frigorifero che si collega a (6)_____ e permette di (7)_____ la rete o inviare (8)_____ elettronici. Vuole anche i (9)_____ per il controllo della temperatura. Tu sei specializzato in sistemi automatizzati e io sono specializzata in costruzioni. Insieme possiamo preparare un progetto eccezionale e costruire una vera e propria casa del (10)_____ per un cliente molto esigente!
Ti piace l'idea?

A presto.
Ilaria

Scriviamo

6.36 Il concorso. In the following announcement, the School of Architecture of the University of Milan invites its students to participate in the contest «L'appartamento automatizzato del futuro» and explains the requirements. First, read the announcement below. Then, since you decide to participate in the contest, write a short paragraph describing your apartment of the future. Make sure you give all the information listed in point **2** of the announcement.

La Facoltà di Architettura del Politecnico di Milano invita gli studenti a partecipare al concorso:

"L'appartamento automatizzato del futuro"

1 Primo premio: uno stage di 6 mesi a Genova o a Parigi presso il prestigioso "Renzo Piano Building Workshop."

Gli studenti che vogliono partecipare devono inviare le seguenti informazioni per posta elettronica alla Segreteria della facoltà di Architettura (segreteria@arch.unimi.it) entro il 31 dicembre:

1. il modulo (che può essere ritirato in segreteria) con le informazioni personali.

2. una descrizione della casa automatizzata del futuro con le seguenti informazioni:
   a. il numero di stanze, balconi e finestre;
   b. gli elettrodomestici con funzioni multiple;
   c. i dispositivi e i sensori e le loro funzioni;
   d. gli arredi e le apparecchiature elettriche e elettroniche e le loro funzioni.

3. un progetto del vostro appartamento automatizzato del futuro.

‼ Non perdete l'occasione di fare un'esperienza eccezionale! ‼

Guardiamo

6.37 Prima di guardare. In this video clip, Chiara, Felicita, Fabrizio and Plinio give a tour of their homes. Some of the following expressions may be used in their descriptions. Match each English word with the corresponding Italian word.

1.	entry	**a.**	la sala da pranzo
2.	living room	**b.**	l'affitto
3.	stairs	**c.**	l'ingresso
4.	den	**d.**	l'appartamento
5.	dining room	**e.**	la cucina
6.	ground floor	**f.**	le scale
7.	kitchen	**g.**	il pianterreno
8.	rent	**h.**	la stanza
9.	apartment	**i.**	lo studio
10.	room	**l.**	il soggiorno

6.38 Mentre guardi. While you are watching the video, write some of the things that you see in the houses.

In casa di Chiara ci sono:

_____

_____

_____

_____

In casa di Felicita ci sono:

_____

_____

_____

_____

In casa di Fabrizio ci sono:

_____

_____

_____

_____

6.39 Dopo aver guardato. Take a look at the photo of Plinio in his den. In a short paragraph, describe that room using the vocabulary words from Capitolo 6.

_____

_____

_____

_____

_____

_____

ATTRAVERSO IL FRIULI-VENEZIA GIULIA E LA PUGLIA

6.40 Il Friuli-Venezia Giulia e la Puglia. Reread the cultural section in your textbook and answer the following questions based on the highlighted Italian regions.

1. Dov'è il Friuli-Venezia Giulia?

_____

2. Dov'è la Puglia?

_____

3. Quale regione italiana confina con il Friuli-Venezia Giulia?

_____

4. Quali nazioni europee confinano con il Friuli-Venezia Giulia?

_____

5. Quali sono le città più importanti del Friuli-Venezia Giulia?

_____

6. Quali regioni italiane confinano con la Puglia?

_____

7. Quali sono i mari della Puglia?

_____

8. Quali sono le città più importanti della Puglia?

_____

Nome: _____ **Data:** _____

CAPITOLO 7

Che hai fatto di bello?

PERCORSO I
LE ATTIVITÀ DEL TEMPO LIBERO

*V*ocabolario: Cosa hai fatto il weekend scorso? (Textbook pp. 209–212)

7.1 Caratteristiche delle attività del tempo libero. Decide which of the following leisure activities you would most likely do individually (**individualmente**), or with a partner (**a coppie**) or group of friends (**in gruppo**), and write them in the category according to your preference.

> andare ad un museo   giocare a pallacanestro   andare fuori a cena
> andare in palestra   fare spese   fare scherma
> fare equitazione   giocare a pallavolo   leggere fumetti
> andare in montagna   andare ad un concerto   giocare a bowling

individualmente   a coppie / in gruppo

_____   _____

_____   _____

_____   _____

_____   _____

_____   _____

_____   _____

7.2 È un'occupazione attiva o passiva? Now write down the leisure activities from **7.1** in order, from those that require the least amount of physical exertion to those that require the most.

1. _____ (la meno attiva)
2. _____
3. _____
4. _____
5. _____
6. _____

7. _____
8. _____
9. _____
10. _____
11. _____
12. _____ (la più attiva)

7.3 Dove fai queste attività? Match each of the following places with the leisure activities that are best associated with them.

1. sul ghiaccio
2. in palestra
3. a casa
4. in centro
5. al ristorante
6. al parco
7. in montagna
8. sul campo da golf

a. leggere un libro
b. fare alpinismo
c. cenare
d. fare footing
e. giocare a golf
f. pattinare
g. fare body building
h. fare spese

7.4 Cosa hanno fatto? Listen to four students describing a sequence of activities they recently did. Then fill in the chart with the missing information.

Nome	Quando?	Che cosa?	Dove?
1. **Vanda:**	_____	*fare footing*	_____
		_____	__ *a casa* _____
		_____	_____
2. **Sandro:**	*sabato scorso*	*fare bodybuilding*	_____
		vedere una mostra su Leonardo da Vinci	_____
		_____	_____
3. **Lucrezia:**	_____	_____	_____
		guardare la TV e andare a letto	_____
4. **Francesco:**	_____	_____	_____
		_____	__ *al parco* _____
		andare a un concerto rock	_____

Grammatica

Il passato prossimo con *essere* (Textbook pp. 212–215)

7.5 *Essere o avere?* First, decide whether the verbs in the word bank take the auxiliary **essere** or **avere** and write them in the appropriate column. Then conjugate the verbs which take the auxiliary **essere** in the first-person plural (**noi**) form of the **passato prossimo**.

mangiare	andare	alzarsi	arrivare	restare	partire
camminare	uscire	diventare	riposarsi	nuotare	dire

passato prossimo con *essere*	passato prossimo con *avere*
_____	_____
_____	_____
_____	_____
_____	_____
_____	_____
_____	
_____	

1. _____   5. _____

2. _____   6. _____

3. _____   7. _____

4. _____   8. _____

7.6 Chi lo ha fatto? Complete the sentences by filling in the blanks with the correct subjects from the word bank.

io	io e Marco	Lidia e Giacomo	Michela e Elisa
Matteo	tu e Federico	tu	Ilaria

1. Ieri _____ è tornato a casa alle tre.

2. Sabato scorso _____ sono uscite con i loro amici.

3. Martedì scorso _____ ti sei svegliata presto.

4. Ieri sera _____ si è divertita molto in discoteca.

5. Una settimana fa _____ siete venuti a teatro con me.

6. Domenica scorsa _____ sono rimasti a casa tutto il giorno.

7. L'altro ieri _____ mi sono messa il vestito nuovo.

8. Una settimana fa _____ siamo andati al concerto dei Coldplay.

7.7 Che cosa hanno fatto ieri? Complete the sentences below by filling in the blanks with the correct form of **essere**.

1. Camilla e Enrico si _____ alzati alle sette.

2. Serena _____ andata in piscina alle otto.

3. I nostri amici americani _____ partiti per un viaggio.

4. Carlo _____ arrivato in palestra alle undici.

5. Io _____ uscito/a con mia sorella e le sue amiche.

6. Tu e Mario vi _____ riposati.

7. Io e la mia amica Simona _____ venuti/e a cena a casa tua.

8. Tu ti _____ addormentato/a a mezzanotte.

7.8 La domenica di Francesco. Read Francesco's description of what he did last Sunday, and locate the six mistakes in the use of auxiliary verbs. Then write the correct form of the **passato prossimo** on the lines provided.

Ieri ho fatto colazione al bar sotto casa e poi ho andato[1] in palestra. Più tardi sono tornato a casa, mi sono fatto una doccia e sono mangiato[2] un panino. Ho studiato dalle tre alle sei e poi ho fatto una passeggiata in centro. Sono tornato a casa alle sette. Alle sette e mezza ha arrivato[3] Alberto, abbiamo cenato insieme e poi siamo giocato[4] a scacchi fino alle undici. Poi, Alberto è tornato a casa e io mi ho lavato[5] i denti, mi ho messo[6] il pigiama e sono andato a letto.

1. _____

2. _____

3. _____

4. _____

5. _____

6. _____

7.9 Il sabato di Vanessa e Elena. Read what Vanessa and Elena did last Saturday and fill in the blanks with the correct **passato prossimo** form of the verbs in parentheses.

Ieri Vanessa (1) _____ (dormire) fino a tardi, poi (2) _____ (chiamare) Elena. (Loro) (3) _____ (pranzare) insieme e poi (4) _____ (andare) al cinema. (5) _____ (vedere) *La bestia nel cuore* di Cristina Comencini. Dopo il cinema (6) _____ (decidere) di andare al Museo d'Arte Contemporanea a vedere una mostra di pittura. Nella libreria del museo Vanessa (7) _____ (comprare) il catalogo della mostra e lo (8) _____ (pagare) 26 euro.

7.10 Messaggi nella segreteria telefonica. Listen to the messages and complete them by selecting the correct verb forms.

Messaggio 1:

- Ciao Enrico, sono Roberto. Telefono per dirti che ieri (1) (mi sono divertito / mi sono annoiato) molto. Quanto (2) (abbiamo sciato / abbiamo nuotato)! (3) (Sono ritornato / Sono arrivato) a casa alle dieci e (4) (sono venuto / sono andato) subito a dormire. E tu, cosa (5) (hai mangiato / hai fatto) dopo la mia partenza? (6) (Sei andato / Sei tornato) al cinema con Elena e Vanessa? Richiamami (*Call me back*). . . e non studiare troppo!

Messaggio 2:

- Ciao ragazze, sono Patrizia. Non (7) (vi ho viste / vi ho incontrate) all'università oggi. Va tutto bene? Ieri non (8) (sono arrivata / sono venuta) alla lezione d'italiano perché (9) (sono tornata / sono andata) a fare spese con mia cugina. (10) (Ho trascorso / Ho passato) un bel pomeriggio ma ora ho bisogno di sapere cosa (11) (avete fatto / avete studiato) a lezione ieri. La professoressa (12) (ha spiegato / ha presentato) il passato prossimo dei verbi riflessivi? Aiuto! Chiamatemi appena ascoltate questo messaggio. Grazie.

7.11 La mia vita finora. . . Listen to Bianca speak about her life to date, and select whether the following statements are **Vero** or **Falso**.

1. Bianca è nata nel 1986.	Vero	Falso
2. Si è laureata in scienze politiche nel 2004.	Vero	Falso
3. Nel 2005 ha iniziato un Master in relazioni internazionali negli Stati Uniti.	Vero	Falso
4. L'ultima volta che è uscita a divertirsi con gli amici è stato tre settimane fa.	Vero	Falso

PERCORSO II
LE ATTIVITÀ SPORTIVE

𝒱ocabolario: Che sport fai?
(Textbook pp. 216–218)

7.12 Che sport praticano? Look at the drawing and match each number with the sport to which it corresponds.

1. _____   **a.** fare body building
2. _____   **b.** fare il ciclismo
3. _____   **c.** nuotare
4. _____   **d.** giocare a pallacanestro
5. _____   **e.** fare footing
6. _____   **f.** fare windsurf
7. _____   **g.** giocare a calcio

7.13 Gli oggetti e i luoghi per lo sport. Select the sport(s) you associate with each object or place in the chart.

1. il pallone	il calcio	la pallacanestro	il tennis	il golf	il nuoto
2. la mazza da golf	il calcio	la pallacanestro	il tennis	il golf	il nuoto
3. le scarpe da tennis	il calcio	la pallacanestro	il tennis	il golf	il nuoto
4. il costume da bagno	il calcio	la pallacanestro	il tennis	il golf	il nuoto
5. lo stadio	il calcio	la pallacanestro	il tennis	il golf	il nuoto
6. la squadra	il calcio	la pallacanestro	il tennis	il golf	il nuoto
7. la racchetta	il calcio	la pallacanestro	il tennis	il golf	il nuoto
8. la piscina	il calcio	la pallacanestro	il tennis	il golf	il nuoto

7.14 Praticante o appassionato? Decide whether the following verbs apply to a person who plays sports (**praticante**) or a sports fan (**appassionato**). Write *P* or *A* next to each activity below.

1. allenarsi _____
2. fare il tifo _____
3. fare dello sport _____
4. vincere _____
5. festeggiare la vittoria _____

7.15 Che sport è? Listen to the following four descriptions and write the name of the sport to which each description corresponds.

1. _____
2. _____
3. _____
4. _____

7.16 Descrivi gli sport. Look at the following drawings and describe what you see happening in each.

1.

2.

_____
_____

_____
_____

3.

4.

_____   _____

_____   _____

Grammatica

Il *si* impersonale (Textbook pp. 218–219)

7.17 Come si gioca a tennis? Read the following list of activities and select the ones that are usually done when playing tennis.

1. Si va al campo da tennis. _____

2. Si cerca un compagno. _____

3. Si fa la doccia prima di giocare. _____

4. Si indossano le scarpe da tennis. _____

5. Si usano la racchetta e le palle. _____

6. Non si beve acqua durante la partita o l'allenamento. _____

7.18 Cosa si fa nel tempo libero? Complete the sentences with the correct impersonal construction, using the verbs in parentheses.

1. _____ (andare) a teatro.

2. _____ (suonare) il pianoforte o _____ (ascoltare) musica.

3. _____ (guardare) un film.

4. _____ (fare) spese.

5. _____ (praticare) dello sport.

6. _____ (chiacchierare) al telefono.

7. _____ (leggere) fumetti.

8. _____ (uscire) con gli amici.

7.19 Che cosa rispondi? Listen to the following questions and then write your answers in Italian, using complete sentences.

1. _____.

2. _____.

3. _____ .

4. _____ .

I pronomi tonici (Textbook pp. 219–220)

7.20 Brevi conversazioni tra amici. Complete the following short dialogues by filling in the blanks with the appropriate disjunctive pronoun.

1.   LUCA: Stefano, vieni da me sabato sera?

     STEFANO: Sì, certo, vengo da _____ .

2. GIOIA E ENRICA: Sono per noi questi biglietti?

     LA MAMMA: Sì, sono per _____ . Sono due biglietti per il concerto di Eros Ramazzotti.

3.   UGO: Giochi sempre a pallavolo con i tuoi compagni di università?

     VINCENZO: Sì, gioco sempre con _____ . Sono bravi e simpatici.

4.   SILVIA: Ho parlato al telefono con Pietro. Mi ha chiesto di te e di Martina.

     MARIA: Ti ha chiesto di _____ e di _____ ? Ma se non lo vediamo da due anni!

7.21 Prima di andare allo stadio. Complete the following dialogue by filling in the blanks with the appropriate disjunctive pronoun.

     PAOLO: Giacomo, io esco di casa ora. Vieni con (1) _____ ?

     GIACOMO: No, non posso venire con (2) _____ . Devo finire i compiti di matematica.

     PAOLO: Va bene. Allora vieni più tardi con Roberto?

     GIACOMO: Sì, vengo con (3) _____ tra mezz'ora.

     PAOLO: Vengono anche Marta e Giovanna?

     GIACOMO: No, veniamo senza di (4) _____ . Sono arrabbiate con (5) _____ perché andiamo allo stadio tutte le domeniche!

PERCORSO III
I PROGRAMMI PER DIVERTIRSI

*V*ocabolario: Allora, che facciamo? (Textbook pp. 223–225)

7.22 L'intruso. Select the word or expression that does not belong in each group.

1. il regista	l'attrice	il film	il canale TV
2. il televisore	il gruppo musicale	il canale TV	guardare MTV
3. la cantante	il cantautore	il film drammatico	il gruppo musicale
4. il concerto	la commedia	il biglietto	la protagonista

Nome: _____   Data: _____

7.23 I tuoi spettacoli preferiti. Select the adverb that explains your level of interest in each of the following activities. Then on the line provided, write another artistic activity and explain your level of interest in it.

Mi piace. . .	molto	abbastanza	per niente
guardare un film drammatico	_____	_____	_____
andare fuori a cena	_____	_____	_____
ascoltare un concerto di musica classica	_____	_____	_____
andare al museo d'arte contemporanea	_____	_____	_____
guardare un film di fantascienza	_____	_____	_____
guardare MTV	_____	_____	_____
guardare dello sport in televisione	_____	_____	_____
_____	_____	_____	_____

7.24 Dove andiamo? Listen to the four short dialogues and write where the people in each dialogue are going or where they plan to be.

1. _____   3. _____

2. _____   4. _____

Grammatica
Interrogativi (Textbook pp. 226–228)

7.25 Gli interrogativi. Complete the following questions by filling in the correct interrogative words.

1. _____ si guarda una partita di calcio?
   Allo stadio o in televisione.

2. _____ si usa per giocare a tennis?
   Le racchette e le palline.

3. _____ si spende per andare al cinema?
   Un biglietto costa 8 euro.

4. _____ sport preferisci?
   Il nuoto e il football americano.

5. _____ esci di solito la sera?
   Con le mie amiche.

6. _____ non vai mai a teatro?
   Non mi piace. Mi annoio.

7.26 Una mamma ansiosa. Vanessa is having lunch with her mom who asks her a lot of questions about her Saturday nights out. What questions must Vanessa's mom ask in order to get the indicated responses from her daughter? Write the questions on the lines provided.

1. _____?
   Vado in discoteca con i miei compagni.

2. _____?
   Ci piace ballare e ascoltare musica.

Capitolo 7   Che hai fatto di bello?   119

3. _____?

25 euro, ma il prezzo include le consumazioni.

4. _____?

Verso le due del mattino.

5. _____?

«Rock City», la musica è fantastica e c'è bella gente.

6. _____?

In macchina. Di solito con quella di Mark.

 7.27 Qual è l'informazione? Listen as the speaker asks a series of questions. After each question, select the kind of information that would most likely be contained in the answer.

1. un luogo   un nome   una quantità
2. un'ora   un nome   un luogo
3. un nome   un'attività   un'ora
4. un'attività   una quantità   un nome
5. un'ora   una quantità   un'attività
6. un luogo   un'attività   una quantità

ANDIAMO AVANTI!

Leggiamo

7.28 Prima di leggere. How much do you know about sports in Italy? Answer the following questions by selecting the letter of the answer you think is correct.

1. L'espressione «partita di pallone» è sinonimo di
   a. partita di tennis.
   b. partita di calcio.
   c. partita di pallacanestro.
   d. partita di pallavolo.

2. Qual è lo sport più popolare in Italia?
   a. la pallacanestro
   b. il calcio
   c. il tennis
   d. il ciclismo

3. Quale squadra nazionale ha vinto il Campionato del Mondo di calcio in Germania nel 2006?
   a. la Francia
   b. l'Argentina
   c. il Brasile
   d. l'Italia

4. Juventus, Milan, Inter e Lazio sono
   a. nomi di città.
   b. nomi di squadre di calcio.
   c. nomi di regioni.
   d. nomi di ristoranti famosi.

5. Dopo il calcio, quali sono i due sport più seguiti in Italia?
   a. il ciclismo e l'automobilismo
   b. il tennis e lo sci
   c. la pallacanestro e il ciclismo
   d. la pallavolo e il tennis

6. La «rossa» più amata dagli italiani è
   a. una squadra di calcio.
   b. un'attrice.
   c. un'automobile.
   d. una birra.

7.29 Mentre leggi. While you read the article below underline the words or expressions that confirm the answers you gave in **7.28**.

La partita di pallone

Il ritornello di una famosa canzone degli anni Sessanta dice: *"Perché, perché la domenica mi lasci (you leave me) sempre sola per andare a vedere la partita di pallone? Perché, perché una volta non ci porti anche me?"* Da sempre lo sport più popolare in Italia è il calcio. Ogni anno, durante il periodo del campionato di calcio (da settembre a giugno) molti italiani passano il pomeriggio della domenica allo stadio per vedere la partita e fare il tifo per la squadra preferita. Chi non va allo stadio, guarda le partite in televisione o le ascolta alla radio.

Le più importanti ed antiche squadre di calcio italiane sono l'Inter ed il Milan a Milano; la Juventus ed il Torino a Torino, la Lazio e la Roma a Roma, la Sampdoria ed il Genoa a Genova, il Napoli a Napoli e la Fiorentina a Firenze. Queste squadre, oltre ai nomi ufficiali, sono spesso chiamate con soprannomi che derivano dai colori delle loro maglie.

Ad esempio, i giocatori della Juventus sono chiamati anche i "Bianconeri", quelli del Milan sono i "Rossoneri", quelli dell'Inter i "Nerazzurri" e quelli della Fiorentina i "Viola". Accanto alle squadre di calcio di ogni città, l'Italia ha una squadra nazionale. Gli "Azzurri" hanno vinto quattro Campionati del Mondo: a Roma nel 1934, a Parigi nel 1938, a Madrid nel 1982 e a Berlino nel 2006.

Dopo il calcio, gli sport più seguiti sono il ciclismo e l'automobilismo. Il ciclismo ha la sua più famosa manifestazione nel "Giro d'Italia", una corsa a tappe che attraversa tutta la penisola italiana e che si tiene ogni anno tra la fine di maggio ed i primi giorni di giugno.

Un'altra passione degli italiani è il Campionato Mondiale di Formula 1. In questo campionato corre la "rossa" più amata dagli italiani: la Ferrari. ■

7.30 Dopo la lettura. In the article you just read find the words or expressions that confirm the following statements. Then write them on the lines provided.

1. In Italia, la domenica pomeriggio, per dieci mesi all'anno si segue il campionato di calcio.

   _____.

2. I colori della maglia di una squadra spesso la definiscono.

   _____.

3. La squadra nazionale italiana di calcio è una delle più forti al mondo.

   _____.

4. Se la prima passione degli italiani è il calcio, la seconda è l'automobilismo.

   _____.

Scriviamo

7.31 Al museo. The paragraph below is a summary of Piero, Alice, and Romina's visit to the museum last Saturday afternoon. First, read the paragraph to get an idea of what they did. Then finish the story by describing what you think happened later.

Sabato scorso Piero e Alice hanno pranzato da McDonald's. Più tardi loro sono andati con Romina al museo d'arte contemporanea dell'università. Lì hanno visto quadri di artisti famosi e hanno parlato con un esperto di pittura futurista italiana. Finita la visita, Piero ha bevuto una Coca-Cola al bar del museo, Alice ha comprato un libro nella libreria del museo e Romina è uscita per fare una telefonata. Loro si sono incontrati davanti al museo dopo mezz'ora e. . .

_____

_____

_____

_____

_____

Guardiamo

7.32 Prima di guardare. In this video clip, several characters talk about the activities they like to do during their free time. Since you already know a little bit about them, try to figure out what they might like to do. Match each character to his or her favorite pastime.

1. _____   **a.** È andata al mare con gli amici.
2. _____   **b.** Fa il pattinaggio a rotelle.
3. _____   **c.** Ha letto dei fumetti giapponesi.
4. _____   **d.** Suona la chitarra.
5. _____   **e.** Va a lezione di danza.

7.33 Mentre guardi. As you watch the video, complete the description below by selecting the correct words according to what you see.

Vittorio ha (1) (poco / molto) tempo libero. Gli piace andare al (2) (ristorante / mercato) con (3) (sua sorella / la sua ragazza). Vittorio guarda spesso i film (4) (al cinema / a casa). Lui ha un'(5) (incredibile / enorme) collezione di DVD. Adora i film (6) (francesi / americani), soprattutto le (7) (commedie / tragedie) e i film di (8) (orrore / fantascienza).

Now watch what the other characters say that they like to do, and see if you guessed correctly in **7.32**.

7.34 Dopo aver guardato. What activities do you like to do during your free time? Do you practice any sports? Do you like to go to the movies? Pretend that you are calling on one of the characters from the video and plan a Saturday afternoon out.

_____

_____

_____

_____

_____

_____

_____

_____

_____

_____

_____

ATTRAVERSO LA VALLE D'AOSTA E IL TRENTINO-ALTO ADIGE

7.35 La Valle d'Aosta e il Trentino-Alto Adige. Reread the cultural section in Capitolo 7 and complete the following sentences.

1. La Valle d'Aosta ed il Trentino-Alto Adige sono due regioni nel _____ d'Italia. La prima è nel nord-ovest e la seconda è nel nord-est.

2. La montagna più alta d'Europa è il _____.

3. Le due lingue ufficiali della Valle d'Aosta sono il _____ e l' _____.

4. Il Parco Nazionale del Gran Paradiso è il più _____ d'Italia e si estende per circa _____ chilometri quadrati.

5. Le Dolomiti sono famose per i loro fantastici _____.

6. Nel Trentino-Alto Adige si parlano tre lingue: l' _____, il _____ e il _____.

7. Aosta è la città più importante della _____ e Bolzano è la città più importante del _____.

8. Prima del 1918 Bolzano apparteneva all' _____.

Ti ricordi quando?

PERCORSO I
I RICORDI D'INFANZIA
E DI ADOLESCENZA

Vocabolario: **Come eravamo?** (Textbook pp. 239–241)

8.1 Com'eri? Match the phrases to form complete sentences.

1. Volevo giocare fuori casa
2. Ero una bambina viziata
3. Non mangiavo
4. Mi piaceva
5. Non guardavo mai
6. Facevo collezione di
7. Volevo molto bene
8. Prima di andare a letto

    a. ai miei nonni.

    b. anche quando pioveva.

    c. la mia mamma mi raccontava una favola.

    d. bambole antiche.

    e. perché i miei genitori mi compravano tutto quello che volevo.

    f. le verdure.

    g. andare all'asilo.

    h. i cartoni animati.

8.2 Sei cambiato/a? Which of the following were true for you as a child but are not true now? Which were true then and are still true now? For each statement, select the answer that describes you appropriately.

	Vero una volta ma non oggi.	**Vero una volta e oggi.**
1. Dicevo le bugie qualche volta.	_____	_____
2. Avevo molti giocattoli.	_____	_____
3. Guardavo i cartoni animati.	_____	_____
4. Giocavo con i videogiochi.	_____	_____
5. Disegnavo.	_____	_____
6. Andavo all'asilo.	_____	_____
7. Leggevo i fumetti.	_____	_____
8. Piangevo spesso.	_____	_____

8.3 Ti ricordi? Listen to the dialogue between Cecilia and Milena and write all the vocabulary words and phrases you hear that relate to their childhood.

_____

_____

_____

_____

_____

_____

_____

Grammatica
L'imperfetto (Textbook pp. 241–245)

8.4 L'infanzia di Martina. The drawings below show some events that used to occur during Martina's infancy. Match each drawing with the statement that corresponds to it.

1. _____

2. _____

3. _____

4. _____

5. _____

a. Le sue nonne le cantavano delle canzoni (*songs*).
b. Era tranquilla e dormiva molto.
c. Beveva molto latte.
d. I suoi fratelli erano pazienti e giocavano spesso con lei.
e. Martina e i suoi genitori facevano lunghe passeggiate.

8.5 L'imperfetto. Complete the following chart with the correct forms of the verbs, using the **imperfetto**.

	cantare	dormire	essere	avere	fare	bere
io	_____	_____	_____	_____	_____	_____
tu	_____	_____	_____	_____	_____	_____
lei	cantava	dormiva	era	aveva	faceva	beveva
noi	_____	_____	_____	_____	_____	_____
voi	_____	_____	_____	_____	_____	_____
loro	_____	_____	_____	_____	_____	_____

8.6 Quando si usa l'imperfetto? When talking about the past, the imperfect is used to describe people, places, and events, or to express actions that occurred repeatedly. Match each usage of the **imperfetto** with the sentence that illustrates it.

1. Repeated or habitual actions and routines
2. Physical and psychological characteristics of people, places, and things
3. Health
4. Age
5. Times and dates
6. The weather and the seasons
7. Two actions going on at the same time
8. One action interrupted by another

a. Nel 1960 mio padre aveva 10 anni.
b. Mentre Carla studiava, sua sorella guardava la televisione.
c. Domenica scorsa era il compleanno di mia nonna.
d. Guardavo i cartoni animati tutti i pomeriggi.
e. Parlavo con il professor Biagi quando mi hai salutato.
f. Mio fratello era spesso malato (*ill*).
g. Era già autunno ma c'era ancora il sole e faceva caldo.
h. Maria era una bambina molto capricciosa.

8.7 Domande. For each statement in **8.2**, write a question that you could ask one of your friends (**tu**). Then write the same question, this time addressing someone older whom you do not know (**Lei**). Be sure to use the correct forms of the **imperfetto**.

ESEMPIO: (tu) *Giocavi con le macchinine?*
           (Lei) *Giocava con le macchinine?*

1. (tu) _____

   (Lei) _____

2. (tu) _____

   (Lei) _____

3. (tu) _____

   (Lei) _____

4. (tu) _____

   (Lei) _____

5. (tu) _____

   (Lei) _____

6. (tu) _____

   (Lei) _____

7. (tu) _____

   (Lei) _____

8. (tu) _____

   (Lei) _____

8.8 Presente o imperfetto? Indicate whether the speaker is talking about someone's activities in the present or in the past by selecting the appropriate column.

1.	Presente	Imperfetto
2.	Presente	Imperfetto
3.	Presente	Imperfetto
4.	Presente	Imperfetto
5.	Presente	Imperfetto
6.	Presente	Imperfetto
7.	Presente	Imperfetto
8.	Presente	Imperfetto

8.9 Io e mio fratello. Complete the following passage by conjugating the verbs in parentheses in the appropriate form of the **imperfetto**.

Da bambino io (1) _____ (arrampicarsi) sugli alberi e (2) _____ (fare) collezione di foglie (*leaves*). Mio fratello Brando, invece, (3) _____ (giocare) sempre a nascondino con gli amici. Lui (4) _____ (essere) capriccioso e non (5) _____ (ascoltare) mai quello che i miei genitori (6) _____ (dire). Per questo motivo (loro) lo (7) _____ (punire) spesso. Noi non (8) _____ (guardare) la televisione ma (9) _____ (leggere) molti fumetti e (10) _____ (colorare). Io e Brando (11) _____ (essere) diversi ma (12) _____ (volersi) molto bene.

PERCORSO II
I RICORDI DI SCUOLA

*V*ocabolario: Com'erano i giorni di scuola? (Textbook pp. 246–250)

8.10 La scuola. Complete the words and expressions below by filling in the missing vowels.

Per parlare della scuola	Per raccontare della scuola	Per descrivere le persone
la sc_ _l_ elementare	_nd_r_ bene	_bb_d_ _nt_
la scuola m_d_ _	andare m_l_	r_b_ll_
la scuola st_t_l_	essere _ss_nt_	pr_p_t_nt_
la scuola pr_v_t_	p_n_r_	t_rr_b_l_.

8.11 Com'era il tuo professore d'italiano quando andava a scuola? Can you guess what your Italian instructor used to do as a child in school? First, select six of the sentences below. Then, rewrite each selected sentence by conjugating the verb in the **imperfetto** and changing the adjective endings when necessary.

Da bambino/a, alla scuola elementare il professore/la professoressa

(nome) _____:

_____ (andare in una scuola privata) _____

_____ (fare attenzione)_____

_____ (prendere brutti voti) _____

_____ (essere spesso assente) _____

_____ (avere una maestra severa) _____

_____ (qualche volta dimenticare di fare i compiti) _____

_____ (arrabbiarsi con i compagni) _____

_____ (durante la ricreazione giocare a nascondino) _____

 8.12 Com'eri a scuola? Paolo asks his father to talk about his years in high school. Listen to their conversation and complete the following statements by selecting the letter of the correct information.

1. Il papà di Paolo al liceo
   a. studiava molto.
   b. studiava abbastanza.
   c. non studiava.

2. La materia che non gli piaceva era
   a. il latino.
   b. il greco.
   c. la storia.

3. Di solito, nei compiti in classe di greco il voto che prendeva era
   a. 4.
   b. 5.
   c. 6.

4. Il papà di Paolo andava al cinema
   a. tutti i sabati sera se aveva i soldi.
   b. tutti i sabati sera se doveva studiare.
   c. i venerdì sera.

5. Praticava regolarmente
   a. il tennis.
   b. il calcio e lo sci.
   c. la pallacanestro.

6. Studiava di notte
   a. spesso.
   b. in estate.
   c. solo alla fine dell'anno scolastico.

Grammatica
Espressioni negative (Textbook pp. 250–251)

8.13 **Qual è la risposta?** Two college friends are talking about their junior high school years. For each question given, write the answer using a negative expression.

ESEMPIO: Parlavi già l'inglese?
No, non parlavo ancora l'inglese.

1. Andavi sempre a scuola in autobus?
   _____.

2. Andavi ancora al parco a giocare il pomeriggio?
   _____.

3. Sapevi già il francese?
   _____.

4. Giocavi a tennis e a pallavolo?
   _____.

5. Eri amico di tutti in classe?
   _____.

6. Sapevi tutto di greco?
   _____.

8.14 **Quando eravamo al liceo. . .** Unscramble the following words and conjugate the verbs in the **imperfetto** to find out what typical Italian high school students in the 1980s used to do.

1. sabato / mai / il / studiare / non / voi
   _____.

2. i / tu / sempre / ascoltare / professori
   _____.

3. usare / ancora / computer / noi / non / il
   _____.

4. ci / non / né / né / filosofia / matematica / la / la / piacere
   _____.

5. il / già / Sandro / pianoforte / suonare

_____.

6. io / niente / politica / non / sapere / di

_____.

7. sapere / politica / tu / neanche / di / niente / non

_____.

8. ragazzi / sport / nessuno / molti / praticare / non

_____.

Gli avverbi (Textbook pp. 252–253)

8.15 Opposti, contrari e. . . avverbi. For each adjective given, write the opposite one and then the correct form of the adverb, as in the example.

	Contrario	Avverbio
ESEMPIO: irregolare	*regolare*	*irregolarmente*

	Contrario	Avverbio
1. impaziente	_____	_____
2. lento	_____	_____
3. noioso	_____	_____
4. difficile	_____	_____

8.16 Ricordi di scuola. You will hear a short description of Luca's school days. As you listen, write the adverb form of each adjective you hear.

1. _____   5. _____
2. _____   6. _____
3. _____   7. _____
4. _____   8. _____

PERCORSO III
LA VITA COM'ERA

Vocabolario: Com'era una volta? (Textbook pp. 254–257)

8.17 Ieri e oggi. Letizia is thinking about what people used to do when she was young. Look at the drawings and select the letter of the statement that best describes each one.

1. _____

2. _____

3. _____

4. _____

    a. Oggi i giovani ascoltano musica rock e ballano in discoteca.

    b. Oggi il mondo è inquinato, c'è molta violenza e i giovani non rispettano più gli anziani. È questo il prezzo del progresso?

    c. Una volta ascoltavamo musica melodica e facevamo balli romantici.

    d. Una volta non c'era inquinamento, le strade erano pulite e sicure e i figli rispettavano i genitori.

8.18 Gli anni Sessanta. In the following passage, a father tells his twenty-year-old daughter about the way things were in the 60s, when he was a teenager. Complete the narration by writing the verbs in the correct form of the **imperfetto**.

Certo che ricordo bene la mia adolescenza! Erano gli anni Sessanta, gli anni del *boom* economico.

La guerra era finita da circa quindici anni e l'Italia (1) _____ (cambiare) velocemente: da nazione prevalentemente agricola (2) _____ (diventare) una nazione industriale. Arrivava il benessere (*wellbeing*) e molte famiglie (3) _____ (potere) finalmente comprare un'auto.

Noi giovani (4) _____ (volere) il motorino e i nostri genitori (5) _____ (fare) grandi sacrifici per comprarcelo. Nessuno (6) _____ (volere) più andare in bicicletta! (Noi) (7) _____ (ascoltare) le canzoni dei Beatles e dei Rolling Stones, (8) _____ (portare) i capelli lunghi e le ragazze (9) _____ (indossare) le minigonne! (Noi) (10) _____ (incontrarsi) nelle piazze per chiacchierare e divertirci e la sera del sabato (11) _____ (andare) in discoteca a ballare. (12) _____ (tornare) a casa tardi e i genitori (13) _____ (arrabbiarsi) molto. In pochi anni, l'Italia e la vita degli italiani era cambiata radicalmente.

8.19 Come sono cambiate le cose! Two elderly women, Teresa and Ester, are discussing some of the changes they have noticed with respect to young people and families in the first decade of the 21st century. First, listen to their conversation. Then read the questions and select the letter of the correct answer.

1. Qual'è il cambiamento che Teresa nota?
   a. Oggi ci sono poche famiglie numerose.
   b. Oggi molte donne si occupano della casa e allevano i figli.

2. Che esempio fa Ester per appoggiare (*support*) le affermazioni di Teresa?
   a. Parla della famiglia di sua figlia.
   b. Parla della famiglia di suo nipote.

3. Secondo Ester, le donne oggi hanno un grosso vantaggio. Qual'è?
   a. Non devono guidare la macchina.
   b. Possono uscire da sole.

4. Perché, secondo Teresa, molte donne oggi guidano la motocicletta?
   a. per necessità
   b. per scelta

5. Perché, secondo le due anziane signore, una volta non c'era l'inquinamento?
   a. perché c'erano poche automobili
   b. perché l'aria era pulita

Grammatica

Gli aggettivi e i pronomi dimostrativi (Textbook pp. 257–260)

8.20 Che bambine testone! Chiara and Simona are good friends but they are both stubborn (**testone**). They often have a hard time agreeing on what they should do. Complete the following short dialogues by writing the correct form of **questo** for each question and the correct form of **quello** for each answer.

1. Coloriamo _____ libro?
   No, voglio colorare _____!

2. Giochiamo con _____ trenini?
   No, voglio giocare con _____ di Daniele!

3. Mi dai _____ matite?
   No, se vuoi prendi _____.

4. Posso giocare con _____ bambola?
   No, gioca con _____ di Valentina.

5. Mi arrampico sempre su _____ albero.
   Io, invece, mi arrampico sempre su _____.

6. È tua _____ bicicletta rossa?
   No, la mia è _____ gialla.

8.21 Un bambino indeciso. Every morning it takes Francesco some time to decide what to wear to school. Complete each of his questions by writing the correct form of **quello** in the first blank space and the correct form of **questo** in the second blank space given.

1. Mi metto _____ pantaloni o _____?
2. Mi metto _____ calze o _____?
3. Mi metto _____ sciarpa blu o _____ verde?
4. Mi metto _____ cappello o _____?

ANDIAMO AVANTI!

Leggiamo

8.22 Prima di leggere. Listed below are some activities that four- or five-year old children typically do. Select the statements that also describe the things that you did in your childhood.

_____ Essere capricciosi.   _____ Non mangiare le verdure.
_____ Giocare a casa di amichetti.   _____ Guardare i cartoni animati.
_____ Correre tutto il giorno.   _____ Andare all'asilo.
_____ Piangere.   _____ Essere impazienti.

8.23 Mentre leggi. Now read the following text and select the activities that both the narrator and her younger sister, Federica, used to do.

Io e mia sorella

Mia sorella Federica è più giovane di me di tre anni. Ora ha 15 anni e andiamo d'accordo (we get along) ma quando era piccola era molto capricciosa e piangeva spesso. Se toccavo un suo gioco o se volevo guardare un cartone animato in televisione che a lei non interessava, si arrabbiava e piangeva. Tutte le mattine piangeva perché non voleva andare all'asilo. Diceva a mia madre che le maestre erano cattive e che voleva rimanere a casa con la nonna. Quando giocavamo a palla o a nascondino al parco, lei qualche volte cadeva (she fell) e si metteva a piangere e la colpa era sempre mia. I miei genitori mi dicevano che dovevo fare più attenzione perché Federica era piccola. Io mi arrabbiavo e andavo in camera mia a giocare e a leggere e non volevo vedere nessuno. In quei momenti desideravo con tutte le mie forze tornare ad essere figlia unica! Quando Federica, qualche pomeriggio, andava a giocare a casa di una sua amichetta, io ero contenta perché potevo finalmente leggere, disegnare, ascoltare la musica e giocare in tutta pace e tranquillità. Adesso che siamo grandi, però, ci vogliamo molto bene.
Abbiamo molti amici in comune e usciamo spesso insieme. Con me, Federica è sempre disponibile (there for me). È una sorella fantastica!

8.24 Dopo la lettura. You meet Federica and you are interested in knowing her perspective on her interaction with her older sister. Complete the questions you will ask Federica with a verb from the word bank in the appropriate form of the **imperfetto**.

fare essere andare arrabbiarsi cadere
essere piangere giocare

1. _____ spesso insieme tu e tua sorella?

2. _____ (tu) volentieri all'asilo?

3. _____ buone le tue maestre d'asilo?

4. _____ (tu) spesso?

5. _____ (tu) capricciosa?

6. Quando _____ (tu), che cosa _____ i tuoi genitori?

7. Tua sorella _____ con te qualche volta?

Scriviamo

8.25 Capo reparto dei lupetti o delle coccinelle. You have decided to apply for a position of unit leader in the Boy or Girl Scouts of Italy for next summer. Part of your application is an essay describing your own childhood and the role that a special person played in your life at that time. Write a paragraph in which you describe your relationship with someone you remember fondly from your childhood and the activities you did with that person.

_____

_____

_____

_____

_____

_____

_____

_____

_____

_____

Guardiamo

8.26 Prima di guardare. In this section of the video, Laura, Tina, Plinio, Emma, and Felicita talk about their youth. Then Tina explains how the universities have changed in Italy. Before you watch the video, fill in the blanks by conjugating the verbs in the imperfect tense.

1. Laura _____ (andare) all'asilo fino alle 4.30 del pomeriggio.

2. Tina _____ (passare) sempre l'estate con i genitori, il fratello, gli zii e i cugini.

3. Plinio _____ (tornare) a scuola il primo ottobre.

4. Emma _____ (avere) un'amica che _____ (chiamarsi) Giulia.

5. Felicita da piccola _____ (giocare) spesso sull'altalena.

8.27 Mentre guardi. As you view the video segment, match the following sentence fragments with the phrases that logically complete them.

1. Laura da piccola _____

2. Tina da piccola _____

3. Plinio da piccolo _____

4. Emma da piccola _____

5. Felicita da piccola _____

a. in vacanza scopriva la vita a contatto con la natura.

b. giocava con i suoi quattro fratelli.

c. amava la favola di Cenerentola.

d. faceva gite in bicicletta.

e. andava all'asilo con Giulia.

8.28 Dopo aver guardato. After viewing the video clip, write two memories mentioned by each of the following characters.

Laura: **1.** _____

2. _____

Tina: **1.** _____

2. _____

Plinio: **1.** _____

2. _____

Emma: **1.** _____

2. _____

Felicita: **1.** _____

2. _____

ATTRAVERSO IL LAZIO

8.29 Il Lazio. Reread the cultural section about the region of Lazio in your textbook and complete the following sentences.

1. _____ è la capitale d'Italia.

2. Gli antichi romani andavano al _____ per vedere spettacoli di ogni genere.

3. Il _____, invece, era il luogo di incontro nel centro della città.

4. La _____ è un piccolo stato indipendente all'interno della città di Roma. Qui si trovano la Basilica di _____, con la famosa cupola di _____ e i Musei _____, dove ci sono alcuni dei capolavori (*masterpieces*) del Rinascimento.

5. In Piazza _____ c'è la Fontana dei Quattro Fiumi di Gianlorenzo Bernini, un tipico esempio di arte _____.

6. Nel museo di Villa _____ si trovano molti dipinti (*paintings*) di _____, uno dei più grandi pittori del 1600.

CAPITOLO

9

Buon divertimento!

PERCORSO I
LE FESTE E LE TRADIZIONI

$\mathcal{V}$ocabolario: Che feste si celebrano nel tuo Paese? (Textbook pp. 271–274)

9.1 Le feste tradizionali. Complete the words below by inserting the missing consonants and vowels on the lines provided.

2. F _ _ _ _ _ _ _ _

1. C _ _ _ D _ _ _ _

3. C _ _ _ _ V _ _ _

8. F _ _ _ _ _ _ _ _ _ _ _ _ _ _   **feste tradizionali**   4. P _ _ _ _ _

7. N _ _ _ _ _   5. E _ _ _ _ _ _ _

6. S _ _ V _ _ _ _ _ _ _

9.2 Metti in ordine. The sentences below wrongly describe six different Italian holidays. Find the correct information underlined in the other sentences, and rewrite the correct descriptions on each line.

1. Il giorno di San Valentino <u>molte persone si vestono in costume</u>.

_____

2. A Natale <u>si mangiano le uova di cioccolato</u>.

_____

3. A Capodanno <u>si addobba l'albero e si aspetta Babbo Natale</u>.

_____

4. A Ferragosto <u>si beve lo spumante e si brinda all'anno nuovo</u>.

_____

5. A Carnevale <u>gli innamorati si scambiano regali e fanno una cena romantica</u>.

_____

6. A Pasqua <u>tutti vanno al mare e le città sono vuote</u> (*empty*).

9.3 Feste e festeggiamenti. Listen to the description of six traditional Italian holidays. As you listen, write the name of each holiday and at least two key words (**parole chiave**) associated with it on the lines provided.

Festa	Parole chiave
1. _____	_____
2. _____	_____
3. _____	_____
4. _____	_____
5. _____	_____
6. _____	_____

Grammatica

I pronomi di oggetto diretto (2) (Textbook pp. 274–275)

9.4 Programmi per San Valentino. Complete the following dialogue by filling in the blanks with the correct direct object pronouns.

GABRIELLA: Hai programmi per questa sera?

CAMILLA: Sì, (1) _____ ho. Enrico (2) _____ ha invitata al ristorante.

GABRIELLA: Mmm. . . Hai comprato un regalo per lui?

CAMILLA: Sì, certo, (3) _____ ho comprato. È una cravatta di Marinella. Ho speso una fortuna!

GABRIELLA: E lui, che cosa (4) _____ regala?

CAMILLA: Non lo so, forse dei fiori. Tu e Roberto cosa fate stasera?

GABRIELLA: Un amico (5)_____ ha invitato a cena. Non è una cena romantica. . . pazienza.

CAMILLA: Devi portare un dolce?

GABRIELLA: Sì, (6) _____ devo portare. Dove (7) _____ posso comprare?

CAMILLA: Vai alla pasticceria Rivetti, fanno un'ottima torta con le noci (*walnuts*) e il cioccolato.

GABRIELLA: Bene! Grazie per il consiglio. Vado a prender (8) _____ subito.

9.5 Cosa fate il giorno di Natale? Change the following sentences by substituting each direct object pronoun with the corresponding noun from the word bank. Remember to change the word order when necessary.

il panettone	i regali	me e mio marito
il Natale	l'albero	Babbo Natale

1. Quest'anno lo festeggiamo a Milano con i parenti di mio marito.

---

140   Percorsi   STUDENT ACTIVITIES MANUAL

2. Mio padre ci porta a Milano in macchina.

_____

3. Lo addobbiamo tutti insieme.

_____

4. I bambini lo aspettano.

_____

5. Babbo Natale li porta.

_____

6. Lo mangiamo alla fine del pranzo.

_____

9.6 Come rispondi? You will hear six questions about how to organize a Carnival party. First, write the letter of each question next to the most logical answer. Then rewrite the answers by attaching the direct object pronoun to the infinitive of the verb when necessary. If the pronoun cannot be attached, put an X in the space provided.

1. _____ Sì, lo dovete indossare. _____

2. _____ Sì, le puoi portare. _____

3. _____ No, non li devi comprare. _____

4. _____ Sì, ti ho invitato. _____

5. _____ Le può portare Antonella. _____

6. _____ Sì, la dovete indossare. _____

I pronomi di oggetto indiretto (Textbook, pp. 275–279)

9.7 I pronomi indiretti. Complete the following chart by filling in the correct indirect object pronoun.

Persona	Singolare	Plurale
prima	_____	_____
seconda	_____	_____
terza	_____ (maschile)	_____ (maschile)
	_____ (femminile)	_____ (femminile)
	_____ (formale)	

9.8 Quali verbi puoi usare? Select all verbs from the list below that can be used with an indirect object pronoun.

rispondere	ascoltare
chiamare	chiedere
telefonare	regalare
dire	mangiare
vedere	studiare
parlare	dare

9.9 Cosa vi regalano per il compleanno? Below are some of the things that Gaia and her friends do to celebrate their birthdays. Rewrite the items below, changing the indirect object pronouns according to the subject.

ESEMPIO: A Chiara   A Sergio   A me
          le telefonano   *gli telefonano*   *mi telefonano*

A Chiara	A Sergio	A me
le regalano dei CD	_____	_____
le regalano dei libri	_____	_____
le preparano una festa a sorpresa	_____	_____
le fanno una torta con le candeline	_____	_____

9.10 Al telefono il giorno di San Silvestro. It is New Year's Eve and Anna is receiving and making a lot of phone calls. Complete the sentences below by filling in the blanks with the most appropriate indirect object pronouns from the word bank.

gli (*pl.*)	mi	ci	gli (*pl.*)
gli (*sing.*)	ti	le	gli (*pl.*)

1. Va bene, Matteo. Quando torna Arianna, _____ dico che hai chiamato.

2. Alessandro non è in casa. Quando torna, _____ do il tuo messaggio.

3. Dobbiamo invitare i tuoi genitori al pranzo del 6 gennaio. _____ scriviamo o _____ telefoniamo?

4. Scusa, _____ chiamano al telefonino. _____ richiamo tra cinque minuti.

5. Ho dimenticato di invitare Carla e Sabrina. _____ mando subito una mail.

6. Sì, sappiamo come arrivare al veglione. Giada _____ ha spiegato la strada.

9.11 Regali di compleanno e anniversario. Listen to the short dialogues and complete the sentences below using the correct indirect-object pronouns, as in the example.

ESEMPIO: A mio zio, i suoi figli *gli hanno mandato un biglietto di auguri.*

1. A Sandra, i suoi amici _____.

2. A Gianni, sua moglie _____.

3. A Giorgia e Carlotta, i loro genitori _____.

4. Ai nonni, noi nipoti _____.

5. Alla Signora Cortese, i suoi figli _____.

6. A Brando e Tommaso, i loro amici _____.

PERCORSO II
I PRANZI DELLE FESTE

Vocabolario: Cosa mangiamo? (Textbook pp. 280–282)

9.12 La tavola e le pietanze. Look at the following two drawings and label the numbered items in each of them. Be sure to include the correct definite article.

La tavola

1. _____
2. _____
3. _____
4. _____
5. _____

Le pietanze

6. _____
7. _____
8. _____
9. _____
10. _____

9.13 Abbinamenti in cucina ed a tavola. Complete the sentences below by selecting the letter of the most appropriate words.

1. Su una tavola ben apparecchiata (*set*) ci devono essere
   - **a.** le lasagne.
   - **b.** i tovaglioli.

2. A sinistra del piatto si mette
   - **a.** il coltello.
   - **b.** la forchetta.

3. Per bere l'acqua e il vino si usano
   - **a.** le tazze.
   - **b.** i bicchieri.

4. Alla fine del pranzo si prende

    a. il caffè.   **b.** l'aperitivo.

5. L'insalata si condisce con

    a. olio, aceto e sale.   **b.** burro e limone.

6. Sugli spaghetti al pomodoro si mette

    a. il parmigiano grattugiato.   **b.** il ragù.

7. Prima di aggiungere il sale sulle costolette d'agnello (*lamb chops*), bisogna

    a. assaggiarle.   **b.** mangiarle.

8. Per fare la crostata di frutta ci vogliono farina, zucchero, burro e

    a. fragole.   **b.** sugo di pomodoro.

9.14 Che cosa preparano? Listen to the four statements, and select the letter of the activity that is being described in each of them.

1. a. condire   b. tagliare

2. a. cuocere   b. apparecchiare la tavola

3. a. fare la crostata di frutta   b. fare il risotto

4. a. offrire il caffè   b. offrire l'antipasto

Grammatica

Il partitivo (Textbook pp. 283–284)

9.15 Il partitivo. Complete the sentences by filling in the blanks with the partitive **di** + **articolo determinativo**.

1. Sulla tavola metto _____ piatti, _____ posate, _____ bicchieri, _____ tovaglioli e _____ bottiglie d'acqua minerale.

2. Condisco l'insalata con _____ olio, _____ aceto e _____ sale.

3. Il ragù si fa con _____ sugo di pomodoro e _____ carne tritata.

9.16 La ricetta del tiramisù. Complete the recipe with the partitive **di** + **articolo determinativo** or **un po'** as appropriate.

Per fare il tiramisù bisogna sbattere (*beat*) (1) _____ uova con (2) _____ di zucchero. Si aggiunge

(3) _____ mascarpone e si mescola fino ad ottenere una crema. Si bagnano (4) _____ biscotti

savoiardi (*sponge cake*) con (5) _____ di brandy. A questo punto si rovescia sui biscotti (6) _____

caffè e si ricoprono con (7) _____ crema di mascarpone. Si fa un secondo strato di biscotti e di crema

e poi si spolverizza (*sprinkle*) la superficie con (8) _____ di cacao amaro (*bitter*). Infine, si mette il

tiramisù in frigorifero per 3–4 ore prima di servirlo. Squisito!

9.17 Come si dice? Complete the following sentences by selecting the correct partitive.

1. Abbiamo invitato (alcuni / qualche) nostri amici a cena.

2. Ho trovato (qualche / alcune) ricette di mia nonna.

3. Ho comprato (qualche / alcuni) pomodoro per l'insalata.

4. Ho preso (qualche / un po' di) frutta perché voglio fare una crostata.

5. Mio marito ha comprato (del / alcuni) formaggio molto buono.

6. Volete ancora (qualche / un po' di) caffè?

L'imperativo (Textbook pp. 284–287)

9.18 L'imperativo informale. Complete the charts with the correct forms of the informal imperative.

tu	affermativo	negativo
tagliare	_____	_____
aggiungere	_____	_____
condire	_____	_____
offrire	_____	_____

noi	affermativo	negativo
tagliare	_____	_____
aggiungere	_____	_____
condire	_____	_____
offrire	_____	_____

voi	affermativo	negativo
tagliare	_____	_____
aggiungere	_____	_____
condire	_____	_____
offrire	_____	_____

9.19 Consigli a un' amica. A friend of yours requests advice about how to organize a Christmas party. Tell her what she should do by filling in the blanks with the correct informal imperative form of the verbs in parentheses.

1. Devo fare gli inviti.

   _____ (spedire) i biglietti di auguri. Non _____ (mandare) inviti via e-mail.

2. Devo preparare gli addobbi.

   _____ (comprare) un grosso albero di Natale.

3. Devo apparecchiare la tavola per il pranzo di Natale.

_____ (mettere) la tovaglia di tua nonna e _____ (usare) i bicchieri di cristallo!

4. Devo comprare dei fiori da mettere sul tavolo.

_____ (cercare) una bella stella di Natale (*poinsettia*) rossa!

5. Devo cucinare l'arrosto con le patate.

_____ (cuocere) le patate al forno e non _____

(mettere) troppo sale sull'arrosto.

6. Devo offrire un dolce.

_____ (ordinare) un panettone in pasticceria. Non _____ (preparare) la crostata di frutta, non è un dolce natalizio (*Christmas dessert*)!

9.20 È Natale! Some friends of yours are getting ready for Christmas. As they are rather disorganized, you tell them what they have to do. Complete the paragraph below using the plural form (**voi**) of the informal imperative.

Prima di tutto (1) _____ (spedire) i biglietti di auguri. Non (2) _____ (mandare) auguri

elettronici. Poi, (3) _____ (addobbare) l'albero di Natale e (4) _____ (preparare) il Presepe.

(5) _____ (comprare) anche una bella stella di Natale e (6) _____ (mettere) delle candele

rosse sul tavolo. Infine, (7) _____ (ordinare) un panettone in pasticceria. (8) _____ (offrire)

il panettone e lo spumante alla fine del pranzo di Natale e non (9) _____ (dimenticare) di augurare

a tutti «Buon Natale!»

9.21 L'imperativo dei verbi irregolari. Complete the charts with the correct forms of the imperative of the following irregular verbs.

tu	affermativo	negativo
andare	_____	_____
dare	_____	_____
fare	_____	_____
stare	_____	_____
dire	_____	_____

noi	affermativo	negativo
andare	_____	_____
dare	_____	_____
fare	_____	_____
stare	_____	_____
dire	_____	_____

voi	affermativo	negativo
andare	_____	_____
dare	_____	_____
fare	_____	_____
stare	_____	_____
dire	_____	_____

9.22 Prepariamo il ragù! Simona and her friends have decided to make *ragù*. Simona is an expert chef and gives directions to her friend. Complete Simona's commands by conjugating the verbs in parentheses in the **imperativo**.

1. Ragazzi, _____ calmi. Non abbiamo fretta! (stare)

2. Sara e Giorgio, _____ i pomodori. (tagliare)

3. Non abbiamo la carne! Gino, _____ al supermercato e _____ mezzo chilo di carne tritata. (andare/comprare)

4. Sara e Giorgio, _____ una padella a Linda. (dare)

5. Linda, _____ l'olio nella padella e _____ la cipolla. (mettere/soffriggere)

6. Sara, _____ al soffritto il pomodoro e la carne tritata e _____ per cinque minuti. (aggiungere/mescolare)

7. Ragazzi, _____ il ragù. (assaggiare)

8. Gino, _____ se è buono o no. (dire)

9.23 Consigli per San Valentino. Marco is unsure of what to do for his girlfriend, Mara, on Valentine's day. His friend Leonardo gives him some ideas. Rewrite Leonardo's suggestions and substitute the underlined phrases with the verbs in the correct form of the **imperativo**.

1. Devi portare Mara a cena in un bel ristorante. _____

2. Non devi invitare i genitori. _____

3. Devi dare dei cioccolatini a Mara. _____

4. Devi scrivere un biglietto di auguri romantico. _____

5. Devi fare un bel regalo a Mara. _____

6. Devi dire «Buon San Valentino!». _____

7. Dovete brindare con dello spumante. _____

8. Non dovete litigare come al solito. _____

9.24 Ordini. You will hear six commands. First, write each one down after you hear it. Then select the letter of the situation in which you are likely to hear each command.

1. _____
   a. Non c'è il sale in tavola.
   b. Devi andare al supermercato a comprare il sale.

2. _____

   a. Prepari il cenone di Capodanno e non hai lo spumante.

   b. Vuoi offrire solo acqua minerale ai tuoi ospiti.

3. _____

   a. È il compleanno del tuo compagno di appartamento.

   b. Hai molta fame.

4. _____

   a. Un ospite non è ancora arrivato e tu non vuoi iniziare la cena senza di lui.

   b. Tu e i tuoi ospiti dovete ancora mangiare il dolce.

5. _____

   a. È l'anniversario di matrimonio dei tuoi nonni.

   b. I tuoi nonni ti hanno fatto un regalo di Natale.

6. _____

   a. È Ferragosto.

   b. È Pasqua.

PERCORSO III
AL RISTORANTE

𝒱ocabolario: Il signore desidera? (Textbook pp. 288–291)

9.25 Definizioni. Select the letter of the appropriate answer for each of the following definitions.

1. La persona che serve il cibo e le bevande in un ristorante:

   a. il cliente

   b. il cuoco

   c. il cameriere

2. La persona che paga il cibo e le bevande al ristorante:

   a. il cuoco

   b. il cliente

   c. la cameriera

3. Un sinonimo di «ordinare»:

   a. prendere

   b. pagare

   c. portare

4. La quantità di denaro che si deve pagare al ristorante:

   a. la mancia

   b. il conto

   c. il menù

5. La quantità di denaro che il cliente spesso da al cameriere:
   a. il conto
   b. il menu
   c. la mancia

6. Un sinonimo di «molto buono»:
   a. squisito
   b. insipido
   c. leggero

9.26 Al ristorante. Complete the following dialogue among a waiter and the Dinis by filling in the blanks with the appropriate words from the word bank.

contorno	squisito	aperitivo	secondo	piatto
giorno	acqua	primo	vorrei	dolce

CAMERIERE: Buona sera. I signori desiderano un (1)_____?

SIGNOR DINI: No, grazie. Dell' (2) _____ minerale, per favore.

CAMERIERE: Bene. Avete domande sul menù?

SIGNORA DINI: Sì, qual è il (3) _____ del (4) _____?

CAMERIERE: Il risotto ai funghi porcini. Sono freschi di giornata. È un (5) _____ piatto leggero ma (6) _____.

SIGNORA DINI: Mi piacciono molto i funghi! Mi ha convinta. Prendo il risotto ai funghi porcini e come (7) _____ la bistecca con le patate al forno.

CAMERIERE: Benissimo. E Lei signore?

SIGNOR DINI: Io (8) _____ gli spaghetti alle vongole e poi la trota. Come (9) _____ prendo gli spinaci al burro. Dobbiamo ordinare subito anche il (10) _____?

9.27 Quando lo dicono? Listen to the short dialogues at a restaurant and decide at what stage each one takes place: at the beginning (**all'inizio**), during (**durante**), or at the end (**alla fine**) of the meal. Select the letter of the correct answer.

1. a. all'inizio del pasto   b. durante il pasto   c. alla fine del pasto

2. a. all'inizio del pasto   b. durante il pasto   c. alla fine del pasto

3. a. all'inizio del pasto   b. durante il pasto   c. alla fine del pasto

4. a. all'inizio del pasto   b. durante il pasto   c. alla fine del pasto

5. a. all'inizio del pasto   b. durante il pasto   c. alla fine del pasto

6. a. all'inizio del pasto   b. durante il pasto   c. alla fine del pasto

Grammatica

Il verbo *piacere* (Textbook pp. 291–294)

9.28 Il verbo *piacere*. Complete the following chart with the correct present or past form of the verb **piacere**.

    ESEMPIO: (A me) *Mi piace* là cioccolata calda (*hot cocoa*).

Presente

1. (A te) _____ il cibo piccante.

2. (A Rosa) _____ le lasagne.

3. (A Paolo e Massimo) _____ i vini rossi piemontesi.

4. (A Sara e Patrizia) Non _____ la carne al sangue (*rare*).

5. (A me) Non _____ i ristoranti rumorosi.

6. (A te) Non _____ dare la mancia al cameriere.

Passato prossimo

7. (A voi) Non _____ i primi che avete ordinato.

8. (A Luigi) _____ molto l'arrosto di vitello.

9. (A Laura) _____ le tagliatelle ai funghi.

10. (A me) Non _____ la cameriera.

11. (A noi) _____ l'atmosfera intima ed elegante.

12. (A Luca e Renzo) Non _____ il conto. Era troppo caro!

9.29 Gusti diversi. Complete the following passages with the correct form of the verb **piacere**.

    IOLE: Non mi (1) _____ andare al ristorante. Mi (2) _____ cucinare e invitare gli amici a casa. Sono una brava cuoca e i miei piatti (3) _____ a tutti. A mio marito (4) _____ soprattutto i miei spaghetti al ragù.

    BARBARA: Ieri sera sono uscita a cena con la mia amica Cristina. Siamo andate in una piccola trattoria. Mi (5) _____ l'atmosfera. A Cristina, però, non (6) _____ i camerieri. Secondo lei, erano antipatici. Io ho mangiato molto bene. In particolare, mi (7) _____ le lasagne.

    BRUNO: Quando io e Caterina andiamo al ristorante non prendiamo mai l'antipasto. Non ci (8) _____ gli antipasti. Di solito prendiamo il primo, il secondo e poi il dolce. Caterina prende spesso il tiramisù. Anche a me (9) _____ ma solo se non ha il brandy. Non mi (10) _____ i liquori.

Nome: _____   **Data:** _____

9.30 Preferenze. Listen to the conversation among Anna, Silvia, and Giacomo as they come out of a restaurant. Then fill in the following chart with their preferences.

	Preferenze	
	Piace / È piaciuto	*Non piace / Non è piaciuto*
Anna	_____	_____
Silvia	_____	_____
Giacomo	_____	_____

ANDIAMO AVANTI!

Leggiamo

9.31 Prima di leggere. Look at the survey below and then answer the following questions. Use the statistics from the survey to support your answers.

1. Di che cosa tratta (*is about*) il sondaggio?

_____

2. Agli italiani piace festeggiare il Capodanno?

_____

3. Ci sono degli italiani che non festeggiano il Capodanno? Quanti sono?

_____

Sondaggio: "Arriva il Capodanno: tu cosa fai?"

Feste, feste, feste con gli amici!   32%

Lo passo in famiglia a casa. Tranquillamente ...   25%

Penso di ammalarmi (get sick) ... per non festeggiare.   17%

Lo festeggio facendo un bel viaggio, magari al caldo.   11%

Lo festeggio in montagna.   8%

Feste, feste, feste con tutta la famiglia!   4%

9.32 Mentre leggi. As you read the following article, identify and select the different ways in which Italians celebrate New Year's Eve.

SONDAGGIO: "Arriva il Capodanno: tu cosa fai?"

Festeggiare in modo degno l'inizio dell'anno è una tradizione irrinunciabile per tanti italiani. Il 32%, in gran parte giovani al di sotto dei trent'anni, a Capodanno vanno in discoteca o a feste organizzate da amici o conoscenti[1]. Ballano, ascoltano musica, guardano spettacoli e partecipano a giochi organizzati all'insegna del motto "divertirsi a tutti i costi!". Altri italiani, il 25%, preferiscono festeggiare il Capodanno con la famiglia a casa. Mentre aspettano l'anno nuovo guardano gli spettacoli di Capodanno in televisione e a mezzanotte stappano lo spumante, brindano e poi escono in giardino o sul balcone con i figli o i nipoti a fare i botti e i fuochi d'artificio[2].

Solo il 4% degli italiani organizza un veglione a casa propria invitando la famiglia allargata. Per queste persone il Capodanno è una estensione del Natale e quindi ripetono molte attività tipiche del giorno di Natale: preparano il cenone e aspettano la mezzanotte mangiando e facendo giochi di società. Allo scoccare del nuovo anno fanno il brindisi con lo spumante, mangiano il panettone e si scambiano gli auguri. L'11% degli italiani, invece, non può resistere alla tentazione di un Capodanno esotico. Fuggire dalla pazza folla[3] alla volta di una spiaggia delle Maldive o dei Caraibi è il sogno di molti. Festeggiare il nuovo anno al caldo in pareo e costume da bagno ha indubbiamente il suo fascino. C'è anche chi sogna di fuggire dalla pazza folla alla volta di incantevoli paesaggi montani. Infatti, l'8% degli italiani desidera una romantica notte di San Silvestro. Ci sono poi quelli, abbastanza numerosi (17%), che si danno malati per non festeggiare il Capodanno; non vogliono sentir parlare di veglioni o cenoni di Capodanno. Vanno a letto alle dieci di sera del 31 dicembre e si mettono i tappi nelle orecchie per non essere disturbati dai fuochi d'artificio. Spengono il cellulare per non ricevere il messaggino di mezzanotte. Questa è la giustificazione di chi non ama il Capodanno: cambia l'anno, si invecchia[4] e non c'è motivo di festeggiare. Forse hanno ragione loro ... ■

1. acquaintances   2. fireworks   3. getting away from the craziness   4. gets older

9.33 Dopo la lettura. Now decide whether the following statements based on the article above are **Vero** o **Falso**.

1. Molti italiani al di sotto dei trent'anni festeggiano il Capodanno in famiglia.   Vero   Falso
2. I luoghi lontani preferiti dagli italiani per festeggiare il Capodanno sono le isole tropicali e le grandi città nordamericane.   Vero   Falso
3. A circa il 20% degli italiani piace festeggiare il Capodanno lontano da casa.   Vero   Falso
4. Al cenone di Capodanno è tradizione mangiare il panettone.   Vero   Falso
5. A Capodanno tutti gli italiani vogliono divertirsi.   Vero   Falso
6. Il 17% degli italiani è a letto con l'influenza la notte di Capodanno.   Vero   Falso

Scriviamo

9.34 Capodanno. Write a short paragraph to describe your last Capodanno. First, answer the following questions to help you organize your ideas. Then begin your paragraph by writing an introductory sentence that explains your main idea. Expand your paragraph by adding any information or details you deem necessary and/or interesting. Finally, bring it to a conclusion.

Che cosa hai fatto lo scorso Capodanno? _____

_____

Con chi? _____

Hai fatto una cena speciale? Che cosa hai mangiato? _____

_____

A che ora sei andato/a a letto? _____

_____

Ti piace la festa di Capodanno? Perché? _____

_____

Che cosa ti è piaciuto di più del Capodanno dell'anno scorso? _____

_____

Che cosa non ti è piaciuto? _____

_____

È una festa importante nel tuo Paese? _____

_____

_____

_____

_____

_____

_____

_____

_____

Guardiamo

9.35 Prima di guardare. For Italians, holidays and traditions are very important; they love to get together and celebrate. First, familiarize yourself with the vocabulary describing the holidays. Then match the following Italian holiday names with their English equivalent.

1. Capodanno   **a.** Epiphany
2. Natale   **b.** Easter
3. Epifania   **c.** August 15
4. Carnevale   **d.** New Year's Day
5. Pasqua   **e.** Christmas
6. Ferragosto   **f.** Carnival

9.36 Mentre guardi. While you are watching the video, listen to what the characters say and fill in the blanks with the correct word by choosing from the word banks provided.

| vino burrata carne freschi gassata |
| dieta fame gamberoni specialità |

Tina oggi non vuole fare (1) _____ perché ha molta (2) _____. Però preferisce non mangiare (3) _____ e sceglie una (4) _____. Per secondo sceglie i (5) _____ al guazzetto che sono la (6) _____ del ristorante e sono buoni e (7) _____. Da bere prende un'acqua minerale (8) _____ e del (9) _____ bianco.

| pizzerie Roma ristorante occasione cena |
| qualità forni pesce allegria |

Per Plinio mangiare al (10) _____ è un rito di amicizia.
Preferisce andare a (11) _____ di sera. Va spesso a
ristoranti di (12) _____ che servono il (13) _____.
Bastianelli è un ristorante vicino a (14) _____, a
Fiumicino, una località di mare. Poi ama le (15) _____
di Trastevere con i (16) _____ a legna. Mangiare con
gli amici è per Plinio un' (17) _____ per parlare in libertà e per stare in (18) _____.

9.37 Dopo aver guardato. Now that you have experienced some of the Italian holiday traditions, write a short letter to a fictional Italian friend describing for him/her the ways in which your family celebrates a special holiday. Include the name of the holiday and some of the foods that are traditionally prepared.

Caro/a _____,

_____

_____

_____

_____

_____

_____

_____

Nome: _____ Data: _____

ATTRAVERSO L'UMBRIA

9.38 L'Umbria. Look at the map on p. 301. Reread the cultural section in your textbook and answer the following questions.

1. Dov'è l'Umbria? _____

2. Quali regioni la circondano? _____

3. C'è il mare vicino all'Umbria? _____

4. Quale fiume attraversa la regione? _____

5. Come si chiama il lago? _____

6. Qual è il capoluogo dell'Umbria? _____

7. Oltre al capoluogo, quali sono le città più importanti dell'Umbria? _____
_____

8. Quali sono due manifestazioni culturali importanti in Umbria? _____
_____

CAPITOLO 10

Che ricordo splendido!

PERCORSO I
AVVENIMENTI IMPORTANTI

Vocabolario: **Cosa è successo?** (Textbook pp. 305–308)

10.1 Avvenimenti importanti della vita. Look at the following drawings; then, on the lines provided, write the name of the event that best matches each drawing.

| il fidanzamento | il matrimonio | la nascita | il diploma |

1. _____   2. _____   3. _____   4. _____

10.2 Le tappe della vita. Below is a list of some of the important stages of a person's life. Write the name of the event that corresponds to each description.

| la nascita | la laurea | il divorzio |
| il matrimonio | il fidanzamento | il compleanno |

1. La relazione tra due persone prima di sposarsi: _____

2. La famiglia e gli amici si riuniscono per festeggiare l'unione di due persone: _____

3. Un nuovo essere umano viene al mondo: _____

4. La famiglia e gli amici si riuniscono per festeggiare una persona che compie gli anni: _____

5. Due persone sposate si separano legalmente: _____

6. La famiglia e gli amici si riuniscono per festeggiare un giovane che finisce l'università: _____

10.3 Come reagisci? Read the following exclamations and decide whether they elicit a positive or negative reaction. Then write *P* or *N* on the lines provided.

1. Favoloso! _____
2. Stressante! _____
3. Orribile! _____
4. Bello! _____
5. Meraviglioso! _____

6. Indimenticabile! _____
7. Romantico! _____
8. Eccezionale! _____
9. Rilassante! _____
10. Brutto! _____

10.4 Che pessimista! Lucia and her brother Francesco are talking about various events. First, listen to their conversation. Then select the events that Francesco feels pessimistic about.

Il compleanno

La festa di diploma

La festa di laurea

Il fidanzamento

Il matrimonio

Il divorzio

La nascita

Grammatica
L'imperfetto ed il passato prossimo (Textbook pp. 308–310)

10.5 Momenti importanti nella vita di Mirella. To find out what the most important events in Mirella's life have been, select the letter of the phrase that best completes each sentence.

1. Mi sono laureata
   a. quando ho avuto 23 anni.
   b. quando avevo 23 anni.
   c. quando ho 23 anni.

2. Il giorno della mia laurea
   a. ero molto emozionata.
   b. sono molto emozionata.
   c. sono stata molto emozionata.

3. La mia festa di laurea
   a. è meravigliosa.
   b. era meravigliosa.
   c. è stata meravigliosa.

4. Nel mese di agosto del 1995
   a. partivo per gli Stati Uniti.
   b. sono partita per gli Stati Uniti.
   c. parto per gli Stati Uniti.

5. Il 22 novembre 2004
   a. mi sono sposata.
   b. mi ho sposata.
   c. mi sposo.

6. Mia figlia
   a. nasce il 31 gennaio 2005.
   b. nasceva il 31 gennaio 2005.
   c. è nata il 31 gennaio 2005.

10.6 Il matrimonio di un campione. Francesco Totti is a famous italian soccer player. Read the description of his wedding and complete the paragraph by selecting the correct verb tenses.

Il fuoriclasse del calcio italiano Francesco Totti e la modella Ilary Blasi (1) (si sono sposati / si sposavano) alle ore 16 di sabato 19 giugno 2005 nella Chiesa dell'Aracoeli a Roma. La sposa (2) (ha indossato / indossava) un lungo abito bianco disegnato per lei da Giorgio Armani. Al matrimonio (3) (c'erano / ci sono stati) più di mille invitati, tra i quali anche il sindaco (*mayor*) della città di Roma. Durante la cerimonia in chiesa gli sposi (4) (sono stati / erano) molto emozionati. Usciti dalla chiesa, Ilary e Francesco (5) (hanno salutato / salutavano) la folla dei tifosi (*crowd of fans*) che li aspettava e (6) (sono saliti / salivano) su una Maserati che li ha portati al castello di Torcrescenza. Nel parco illuminato del castello (7) (si è svolto / si svolgeva) il ricevimento (*reception*) da mille e una notte. C'erano quattro diversi menù a buffet e una cena finale. Gli invitati (8) (hanno chiacchierato / chiacchieravano), (9) (hanno ballato / ballavano), (10) (hanno mangiato / mangiavano) e (11) (si sono divertiti / si divertivano) tutta la notte. Si dice che il ricevimento sia costato 100.000 euro. (12) (È stato / Era) proprio un matrimonio da favola!

10.7 Che storia romantica! Write the story of Corrado and Paola by using the information given in the list, and conjugating the verbs in either the **passato prossimo** or the **imperfetto**, as appropriate. You may also include additional information to enhance the story. The first sentence is done for you.

1. Corrado e Paola, Los Angeles (incontrarsi)
2. Corrado, cameriere (fare)
3. Paola, università (studiare)
4. Corrado e Paola, festa (conoscersi)
5. Corrado e Paola, subito (innamorarsi)
6. Paola, Italia (tornare)
7. Corrado, triste (essere)
8. Corrado, Mary (incontrare) in spiaggia
9. Corrado e Mary (uscire) spesso
10. Corrado (pensare) a Paola
11. Corrado, Italia (tornare)
12. Corrado e Paola (sposarsi)

Dieci anni fa Corrado e Paola si sono incontrati a Los Angeles.

_____
_____
_____
_____
_____
_____
_____
_____
_____
_____
_____

10.8 Un compleanno indimenticabile. Listen as Luciano talks about how he celebrated his 18th birthday. Then select the letter of the phrase that best completes each sentence, according to what you hear.

1. Il giorno del suo compleanno Luciano
   a. era triste.
   b. era nervoso.
   c. era arrabbiato.

2. Alla festa di compleanno di Luciano
   a. c'erano tutti i suoi amici.
   b. c'erano i suoi parenti.
   c. c'erano i suoi parenti e tutti i suoi amici.

3. Quando si sono spente le luci
   a. è iniziata la musica.
   b. è apparsa una torta molto grande.
   c. è apparsa una macchina.

4. Nella busta Luciano
   a. ha trovato un biglietto d'auguri e mille euro.
   b. ha trovato un biglietto d'auguri.
   c. ha trovato mille euro.

Azioni reciproche (Textbook, pp. 310–313)

10.9 Gli innamorati. Every day you see a young man and a young woman meeting at a bench across the street from your apartment building. Look at the pictures below and select the letter of the statement that best corresponds to each picture.

1.

   a. Si abbracciano.
   b. Si telefonano.
   c. Si incontrano e si salutano.

2.

   a. Si abbracciano.
   b. Si salutano.
   c. Si guardano in silenzio.

3.

   a. Si baciano.
   b. Si scrivono lettere d'amore.
   c. Si danno la mano.

4.

   a. Si guardano negli occhi in silenzio.
   b. Si abbracciano.
   c. Si parlano.

Nome: _____ Data: _____

10.10 Gli ex-innamorati. The young people that you have been seeing across the street, Enrico and Rossella, broke up recently and no longer see each other. One day you meet Rossella and tell her what you used to see. Rewrite four of the sentences in **10.9** from your perspective, using the **voi** form of the **imperfetto**.

ESEMPIO: *Vi abbracciavate spesso.*

1. _____
2. _____
3. _____
4. _____

10.11 Cosa fanno dei buoni amici? Monica and Riccardo are best friends, and Monica is explaining her relationship with Riccardo. Use the verbs and phrases below to form sentences from Monica's perspective, using the **noi** form as in the example.

ESEMPIO: *Ci incontriamo all'università.*

1. chiamarsi tutti i giorni _____
2. scriversi spesso delle mail _____
3. capirsi _____
4. volersi bene _____
5. aiutarsi quando abbiamo dei problemi _____
6. farsi dei regali _____
7. criticarsi continuamente _____
8. rispettarsi _____

PERCORSO II
RICORDI BELLI E BRUTTI

Vocabolario: Hai ricordi belli o brutti? (Textbook pp. 314–316)

10.12 Cos' è accaduto? Look at the following drawings. Then match each one with the statement that best describes it.

1. _____

2. _____

3. _____

a. Si è rotto una gamba mentre sciava.

b. Ha avuto un incidente stradale.

c. Ha vinto (*won*) una competizione sportiva.

10.13 Associazioni. Match each verb or expression with the one that is best associated with it.

1. prendere la patente   **a.** rompersi una gamba
2. fare una competizione   **b.** perdersi
3. farsi male   **c.** guidare
4. frequentare l'università   **d.** soffrire
5. andare ai grandi magazzini **e.** vincere una medaglia
6. ammalarsi   **f.** laurearsi

10.14 Che cosa dici? Answer each of the statements you hear with an appropriate exclamation.

ESEMPIO: You hear: Un'amica ha comprato una macchina nuova.
           You write: *Beata te!*

1. _____
2. _____
3. _____
4. _____
5. _____
6. _____

Grammatica

I pronomi relativi *che* e *cui* (Textbook pp. 317–320)

10.15 Ricordi piacevoli e spiacevoli del liceo. Select the letter of the phrase that best completes each statement.

1. In quarta liceo ho avuto un incidente d'auto
   a. di cui mi sono rotto una caviglia.
   b. in cui mi sono rotto una caviglia.

2. Marta era la ragazza
   a. di cui mi ero innamorato al liceo.
   b. a cui mi ero innamorato al liceo.

3. Facevo gare di nuoto
   a. per cui vincevo spesso.
   b. che vincevo spesso.

4. Sergio, Gianni e Luca erano gli amici
   a. che giocavo a tennis.
   b. con cui giocavo a tennis.

5. La signora Reviglio era la professoressa
   a. che odiavo di più.
   b. con cui odiavo di più.

6. La matematica era una materia
   a. che studiavo raramente.
   b. in cui studiavo raramente.

10.16 Un fidanzato geloso. Complete the following dialogue between Lorenzo and Allegra by filling in the blanks with either **che** or **cui**.

LORENZO: Chi era il ragazzo con (1) _____ parlavi ieri a lezione?

ALLEGRA: È quel ragazzo americano (2) _____ conosci anche tu! Si chiama Peter. Studia nella nostra facoltà da qualche mese.

LORENZO: Ah sì! Il ragazzo americano a (3) _____ una volta ho prestato il libro di statistica.

ALLEGRA: Sì, è proprio lui.

LORENZO: Sabato scorso l'ho visto alla festa di laurea (4) _____ Sergio aveva organizzato per Simona. La festa a (5) _____ tu non sei venuta perché dovevi studiare.

ALLEGRA: A quella festa c'era anche Peter?

LORENZO: Sì, ed ha ballato tutta la sera con una ragazza (6) _____ indossava una minigonna rossa e un paio di stivali neri.

ALLEGRA: Secondo me era Giada, una studentessa del terzo anno (7) _____ è antipatica a tutti.

LORENZO: A me non sembra per niente antipatica. È l'unica persona con (8) _____ ho chiacchierato alla festa! Ma non ti preoccupare (*don't worry*), tu sei l'unica ragazza di (9) _____ sono innamorato.

ALLEGRA: Ed io ho un fidanzato (10) _____ amo da morire anche se è molto geloso!

10.17 Conversazioni tra studenti. Complete the following short dialogues by filling in the blanks with the appropriate relative pronouns.

1. È il ragazzo di _____ mi hai parlato?

Sì, è il ragazzo _____ ho incontrato ieri in palestra.

2. È il polso _____ ti avevano ingessato?

Sì, è il polso _____ mi ero rotto.

3. È il torneo di tennis a _____ hai partecipato l'anno scorso?

Sì, è il torneo di tennis _____ ho vinto l'anno scorso.

4. È la ragazza a _____ vuoi bene?

No, è la ragazza con _____ mi sono appena lasciato.

5. Sono tutte le medaglie _____ hai vinto?

Sì, sono le medaglie per _____ mi sono allenato tanto.

6. È l'aula in _____ c'è la lezione di italiano?

No, è l'aula da _____ è appena uscito il professore di storia.

PERCORSO III
VIAGGI E VACANZE INDIMENTICABILI

*V*ocabolario: Come passi le vacanze? (Textbook pp. 321–323)

10.18 Che cos'è? Match each description with the corresponding word or phrase.

1. un mezzo di trasporto molto veloce
2. un biglietto Milano–New York e New York–Milano
3. un documento di identificazione necessario per andare all'estero (*abroad*)
4. un luogo in cui si mangia e si dorme quando si è lontani da casa
5. un luogo in cui si prenota una vacanza e si comprano i biglietti aerei
6. una persona che fa un viaggio in aereo

a. un biglietto di andata e ritorno
b. l'agenzia di viaggi
c. l'albergo
d. il passaporto
e. l'aereo
f. il passeggero

10.19 Una vacanza in Sicilia. You will hear a conversation between Benedetta, a college student, and a travel agent. As you listen, write the following information in the space provided.

Regione di destinazione: _____

Data della partenza: _____

Data del ritorno: _____

Aereoporto di partenza: _____

Città di arrivo: _____

Classe in cui si vuole viaggiare: _____

10.20 Metti in ordine. Now listen to the conversation again and put the travel agent's questions in order, numbering them correctly from 1 to 6.

Che tipo di biglietto vuole? _____

Mi dà, per favore, il suo nome e numero di telefono? _____

Da dove vuole partire? _____

Dove vuole andare? _____

Vuole viaggiare in prima classe o in classe economica? _____

Posso aiutarla? _____

Grammatica

Il trapassato prossimo (Textbook pp. 324–326)

10.21 **Il trapassato prossimo.** Conjugate the following verbs in the **trapassato prossimo**.

1. Io / viaggiare _____
2. Noi / fare _____
3. Loro / salutare _____
4. Tu / chiedere _____
5. Lei / soffrire _____

6. Voi / vincere _____
7. Lui / prepararsi _____
8. Noi / cadere _____
9. Io / perdersi _____
10. Tu / vestirsi _____

10.22 **A proposito di vacanze. . .** Complete the following sentences with the correct **trapassato prossimo** form of the verbs in parentheses.

1. Abbiamo dovuto rinunciare alla vacanza che _____ (prenotare).

2. Sei arrivato/a in ritardo all'aereoporto e l'aereo _____ già _____ (partire).

3. Sono andato/a nella stessa agenzia di viaggi in cui _____ (comprare) i biglietti per Londra l'anno scorso.

4. Due ore prima della partenza tu e Mario non _____ ancora _____ (fare) le valigie.

5. Rosa è andata in vacanza in un villaggio turistico che _____ (vedere) in un dépliant sulla Grecia che _____ (prendere) all'agenzia di viaggi.

6. In quell'albergo io e Paolo _____ (sentirsi) come a casa.

10.23 **Benedetta racconta.** In **10.19** you learned about Benedetta's plans to spend her summer vacation in Palermo. Now complete her narration by filling in the blanks with the correct **passato prossimo** or **trapassato prossimo** form of the verbs in parentheses.

Questa mattina (1) _____ (andare) all'agenzia di viaggi ed ho pagato il biglietto per Palermo che (2) _____ (prenotare) una settimana fa. Lunedì scorso, infatti, io e Lara (3) _____ (andare) all'agenzia di viaggi e (4) _____ (chiedere) informazioni sui voli per Palermo. L'agente di viaggi (5) _____ (essere) molto gentile e ci (6) _____ (dare) tutte le tariffe migliori (*best rates*). Io (7) _____ (decidere) di prenotare un volo Alitalia di andata e ritorno per Palermo con partenza da Milano Malpensa. Lara, invece, (8) _____ (dire) all'agente di viaggi che non (9) _____ ancora _____ (decidere) quando partire. Questa mattina le (10) _____ (telefonare) e mi (11) _____ (dire) che (12) _____ (prendere) la decisione di non venire a Palermo.

10.24 Passato o trapassato prossimo? For each sentence you hear, select whether the speaker is talking about events in the **passato prossimo** or **trapassato prossimo**.

1. Passato prossimo   Trapassato prossimo
2. Passato prossimo   Trapassato prossimo
3. Passato prossimo   Trapassato prossimo
4. Passato prossimo   Trapassato prossimo
5. Passato prossimo   Trapassato prossimo
6. Passato prossimo   Trapassato prossimo
7. Passato prossimo   Trapassato prossimo
8. Passato prossimo   Trapassato prossimo

ANDIAMO AVANTI!

Leggiamo

10.25 Prima di leggere. Below are some of the topics that a person who describes his/her own vacation would most likely mention. Read them, and if there are any words you are not familiar with, try to figure out their meanings from the context in which they appear.

descrizione del luogo

descrizione del clima

descrizione della gente

descrizione del cibo

attività svolte durante la vacanza

opinioni personali sui luoghi visitati

opinioni personali sulle persone incontrate

costi della vacanza

mezzi di trasporto usati durante la vacanza

lingue parlate nei luoghi visitati

10.26 Mentre leggi. As you read the following brief description of a summer vacation, select all the verbs used in the **trapassato prossimo**.

Una visita al borgo antico di *Mondello*

*U*na visita al borgo antico di Mondello Lo scorso luglio sono andata in vacanza a Mondello. Ero ospite a casa della sorella di mia madre. Mia zia vive a Palermo in inverno e in autunno ma trascorre la primavera e l'estate nella sua bella casa sulla spiaggia di Mondello. La spiaggia di Mondello, chiassosa[1] e colorata, nobile e popolare al tempo stesso, è sempre stata il luogo di vacanza preferito dei palermitani. Da parecchi anni, però, è anche una località frequentata d'estate da molti giovani,

sia italiani che stranieri. In particolare, molti ragazzi appassionati di windsurf scelgono Mondello come meta delle loro vacanze.

Un giorno in cui tirava vento e non avevo voglia di andare in spiaggia, sono andata a visitare l'antico borgo marinaro. Prima di andarci avevo chiesto a mia zia se voleva accompagnarmi.

Mia zia mi aveva risposto che il borgo antico era diventato una specie di villaggio turistico pieno di pizzerie, bar, ristoranti e fast-food e per questo motivo lei non ci andava mai

volentieri[2]. Mi aveva anche detto che dell'antico borgo marinaro rimanevano solo qualche barca di pescatori ormeggiata[3] nel porticciolo e la torre della tonnara[4]. Insomma, mi aveva fatto una descrizione a dir poco scoraggiante[5]. Ma io ci sono andata ugualmente. Ho camminato a lungo per le strette vie del borgo. Poi sono salita sulla torre della tonnara ho potuto ammirare il paesaggio naturale e i colori tropicali del Golfo di Mondello. Era davvero un panorama mozzafiato[6]!

Quando sono tornata nella piazza del borgo ho incontrato Grazia, la figlia di un'amica di mia zia, che avevo conosciuto in spiaggia qualche giorno prima. Grazia mi ha portata a mangiare un cannolo[7] nella migliore pasticceria di Mondello. Era così buono che ne abbiamo ordinati altri due! Abbiamo chiacchierato per un po' e poi abbiamo passeggiato mentre il sole tramontava[8]. Sono tornata a casa che era quasi buio[9] e non capivo se avevo sognato o se era stato tutto vero.

1. noisy   2. willingly   3. moored fishing boats   4. tuna-fishing point   5. discouraging   6. breathtaking

7. a typical Sicilian pastry   8. set   9. dark

10.27 Dopo la lettura. Now select the topics that were mentioned in the description you just read.

descrizione del luogo   opinioni personali sui luoghi visitati

descrizione del clima   opinioni personali sulle persone incontrate

descrizione della gente   costi della vacanza

descrizione del cibo   mezzi di trasporto usati durante la vacanza

attività svolte durante la vacanza   lingue parlate nei luoghi visitati

Scriviamo

10.28 Una vacanza. Now write a paragraph about a place you have visited, describing the location, the people, the languages, or any other aspect you found particularly interesting. You can use the topics above to prepare an outline for your description.

_____

_____

_____

_____

_____

_____

_____

_____

_____

_____

_____

_____

_____

Guardiamo

10.29 Prima di guardare. In this video clip, Chiara, Tina, and Felicita talk about their past. Complete the following sentences by selecting the correct form of the **imperfetto** or the **passato prossimo**.

1. Chiara (si è diplomata / si diplomava) in musica al conservatorio di Firenze.

2. Chiara (ha suonato / suonava) in un concerto in Piazza della Signoria.

3. Tina a luglio (è andata / andava) al mare con la sua famiglia.

4. Tina da bambina (è tornata / tornava) sempre a scuola in ottobre.

5. Felicita da piccola (ha avuto / aveva) tanti amici che la portavano sempre in giro.

6. Felicita (ha avuto / aveva) un'adolescenza felice.

10.30 Mentre guardi. As you watch the video, indicate if the following statements are **Vero** or **Falso**.

1. Chiara suona il piano da quando era piccola.   Vero   Falso
2. Chiara ha fatto un concerto a teatro.   Vero   Falso

3. Tina a luglio andava in montagna.   Vero   Falso
4. Tina in montagna faceva passeggiate.   Vero   Falso

5. Felicita da giovane aveva tanti amici.   Vero   Falso
6. Felicita a Bologna ha conosciuto tanti
   personaggi della TV.   Vero   Falso

10.31 Dopo aver guardato. Now write a paragraph about the things you used to do in the summer when you were young and how your activities were different from or similar to the ones described by the characters in the video.

_____

_____

_____

_____

_____

_____

_____

ATTRAVERSO LA CALABRIA E LA SARDEGNA

10.32 La Calabria e la Sardegna. Look at the map on p. 333, and reread the cultural section in your textbook. Then answer the following questions.

1. Dov'è la Calabria? _____

2. Quale regione confina con la Calabria? _____

3. Da quali mari è bagnata (*washed*) la Calabria? _____

4. Qual è il capoluogo della Calabria? _____

5. Dove si trovano i famosi "bronzi di Riace"? _____

6. Che cos'è la Sardegna? _____

7. Qual è il mare che bagna la Sardegna? _____

8. Come si chiamano le costruzioni preistoriche tipiche della Sardegna? _____

9. Dove si trovano le spiagge più famose della Sardegna? _____

10. Qual è il capoluogo della Sardegna? _____

E dopo, che farai?

PERCORSO I
I PROGETTI PER I PROSSIMI GIORNI

*V*ocabolario: **Che cosa farai?** (Textbook pp. 337–339)

11.1 Dove fai queste cose? On the line next to each errand or activity, write the name of the place in which you most logically do it. Some of the place names are used more than once.

> **dal meccanico   dal dentista   dal parrucchiere**
> **in centro   in banca   in lavanderia   a casa**

1. aggiustare la macchina _____
2. pagare i conti _____
3. tagliarsi i capelli _____
4. fare spese _____
5. ritirare i vestiti _____

6. passare l'aspirapolvere _____
7. fare la pulizia dei denti _____
8. cambiare l'olio _____
9. fare il bucato _____
10. farsi le unghie _____

11.2 Gli impegni della settimana. Gabriella is planning her activities for the next few days. Match each statement with the drawing that best illustrates it.

1. Io e mia sorella ci incontreremo in centro, berremo un caffè e faremo le spese. _____
2. Dovrò andare dal dentista a fare la pulizia dei denti. _____
3. Porterò la macchina dal meccanico perché devo cambiare l'olio. _____
4. Andrò dal parrucchiere e mi farò i capelli e le unghie. _____
5. Andrò in banca. _____
6. Ritirerò i vestiti in lavanderia. _____

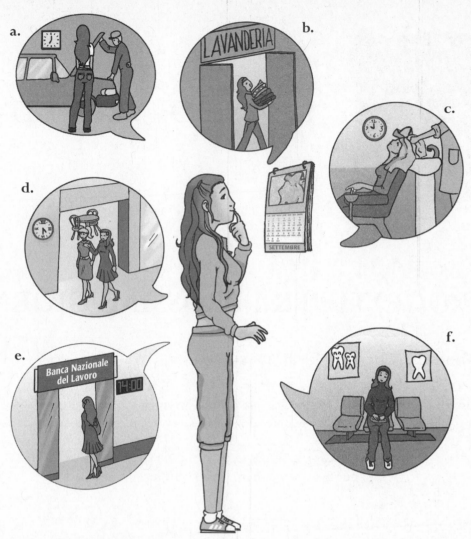

11.3 Andiamo in centro domani? The lines of the following conversation between two friends are out of order. Read them and number them correctly from 1 to 8 to find out the friends' plans for tomorrow. The first line of the conversation is given.

- Ciao, Emilia! Domani mattina ho intenzione di andare in centro. Devo comprare un regalo di compleanno per Ruggero. Vieni con me? _____

- Penso di comprargli una cravatta di Hermes che gli piace. _____

- Nel pomeriggio. . . Purtroppo domani ho un appuntamento dal parrucchiere alle tre. Spero di essere libera alle quattro e mezza, quindi possiamo incontrarci in centro verso le cinque. Che ne dici? _____

- Perfetto. A domani. _____

- Alle cinque, benissimo! Chissà se riusciremo a fare anche quattro chiacchiere bevendo un buon caffè. Devo raccontarti alcuni pettegolezzi (*gossip*)! _____

- Almeno sai che gli piacerà. Allora ci vediamo domani alle cinque in piazza San Carlo, davanti al monumento. D'accordo? _____

- Avremo sicuramente tempo di chiacchierare. Che cosa pensi di comprare per Ruggero? _____

- No, non potrò venire. Ho molte commissioni da fare di mattina: devo andare in banca, in lavanderia e anche dal meccanico. Possiamo andare in centro nel pomeriggio? _____

Grammatica

Il Futuro (Textbook pp. 340–342)

11.4 Il futuro semplice. Complete the table below with the correct infinitive, present and simple future forms of the verbs.

Infinito	Presente	Futuro
portare	(io) _____	(io) porterò
cercare	(voi) cercate	(voi) _____
annunciare	(tu) annunci	(tu) _____
andare	(tu) _____	(tu) _____
_____	(loro) prendono	(loro) _____
_____	(Lei) beve	(Lei) _____
potere	(noi) _____	(noi) potremo
_____	(voi) volete	(voi) _____
venire	(lui) _____	(lui) _____
_____	(io) capisco	(io) _____

11.5 Domani. . . The following sentences are written in the present tense. Rewrite them using the simple future tense to reflect the idea that each event will happen tomorrow. Be sure to follow the example closely.

ESEMPIO: Vado dal dentista alle due.
          Andrò dal dentista alle due.

1. Il meccanico aggiusta la mia macchina.

_____.

2. Torno a casa presto.

_____.

3. Puliamo la casa.

_____.

4. Fai spese.

_____.

5. Hanno un sacco di cose da fare.

_____.

6. Venite da me.

_____.

11.6 Impegni a breve scadenza. Complete the following sentences by filling in the blanks with the correct simple future tense form of the verbs in parentheses.

1. Mi dispiace, ma domani io non _____ (avere) tempo.

2. Noi _____ (dovere) portare la macchina dal meccanico.

3. Se domani il tempo _____ (essere) brutto, loro non _____ (fare) le commissioni in centro ma _____ (andare) al centro commerciale.

4. Quando voi _____ (vedersi), _____ (decidere) che cosa fare.

5. Quando (tu) _____ (pagare) i conti? _____ (passare) dalla banca domani?

6. Domani lei _____ (lavorare) fino a tardi la sera.

7. Sabato prossimo io non _____ (potere) uscire prima delle nove.

8. Dopodomani noi _____ (dovere) andare dal dentista.

11.7 Che settimana! Read Manuela's plans for next week and fill in the blanks with the correct verbs from the word bank.

> andrò   vorranno   andremo   visiteremo   dovrò
> andrò   pulirò   pranzerò   farò   arriveranno

La settimana prossima io (1) _____ fare molte cose. Lunedì (2) _____ in banca e poi dal dentista. Martedì (3) _____ la casa e (4) _____ il bucato. Mercoledì (5) _____ i miei cugini da Milano. Io (6) _____ a prenderli alla stazione e (7) _____ il Museo Egizio. Penso che loro (8) _____ anche visitare il Museo del Cinema. Giovedì (9) _____ con la mia amica Stefania e poi (10) _____ insieme dal parrucchiere. Giovedì sera, io, Maurizio e Stefania siamo invitati alla festa di compleanno di Edoardo.

11.8 Pettegolezzi al telefono. You will hear two friends, Giulia and Umberto, gossiping about a mutual friend, Monica. Listen to their phone conversation and select the letter of the phrase that correctly completes each sentence.

1. Giulia chiama Umberto per
   a. invitare l'amico al ristorante sabato prossimo.
   b. raccontare con chi uscirà Monica sabato prossimo.
   c. invitare l'amico al cinema sabato prossimo.

2. Umberto vuole sapere
   a. in che lingua parleranno Monica e Paul.
   b. in che ristorante ceneranno.
   c. in quale cinema andranno.

3. Giulia e Umberto pensano che Monica e Paul
   a. andranno al cinema.
   b. Si incontreranno in un bar a bere qualcosa.
   c. faranno una passeggiata.

4. Domenica mattina
   a. Monica chiamerà Giulia.
   b. Giulia chiamerà Monica.
   c. Giulia e Monica si incontreranno per parlare di Paul.

Il futuro di probabilità (Textbook pp. 343–344)

11.9 Il futuro di probabilità. Lidia is wondering what some of her friends are doing. Complete her statements by filling in the blanks with the correct forms of the future of probability, using the verbs in parentheses.

1. La mia compagna di appartamento non è a casa; _____ dal parrucchiere. (essere)

2. Il telefono di Sandra è sempre occupato; Lei _____ con sua madre. (parlare)

3. Mariagiovanna non è in ufficio; _____ spese in centro. (fare)

4. Diego e Teresa non ci sono ancora; _____ in ritardo. (arrivare)

5. Oggi Oliviero rimane a casa; _____ la televisione tutto il giorno. (guardare)

6. Luca e Irene non sono in classe; _____ in biblioteca. (studiare)

11.10 Cosa fanno? Your friend Laura asks you some questions about your mutual friends. Answer her questions using the expressions in parentheses and the future of probability. Be sure to follow the sentence structure of the example closely.

ESEMPIO: Cosa fa Giovanni in banca? (pagare i conti)
Pagherà i conti.

1. Cosa fa Marta dal parrucchiere? (tagliarsi i capelli)

   _____.

2. Cosa fanno Paolo e Massimo al bar? (bere un caffè)

   _____.

3. Cosa fa Luigi dal meccanico? (cambiare l'olio)

   _____.

4. Cosa fanno Luisa e Chiara in centro? (fare spese)

   _____.

5. Cosa fa Simona in cucina? (preparare la cena)

   _____.

6. Cosa fanno Monica e Paul in biblioteca? (studiare statistica)

   _____.

11.11 Quando arrivano? You and some of your friends have organized a party. While you are waiting for your guests to arrive, one of your friends gets very nervous and asks a lot of questions to settle his anxiety about the event. Listen to the questions and answer them using the future of probability.

1. _____.

2. _____.

3. _____.

4. _____.

5. _____.

6. _____.

PERCORSO II
I PROGRAMMI AL TELEFONO

*V*ocabolario: «Pronto! Chi parla?» (Textbook pp. 345–347)

11.12 Trova le parole. With the following letter combinations, build eight words related to making and receiving phone calls.

ca	te	ca	ne	ri	gre	bi
se	ca	pa	na	ria	ri	ta
le	gi	nu	te	e	me	fo
le	sche	ro	len	gial	na	da	co

1. _____
2. _____
3. _____
4. _____
5. _____
6. _____
7. _____
8. _____

11.13 Conversazioni telefoniche. Write the following dialogues in Italian, according to the scenarios given.

ESEMPIO:

You read: You and Marco are waiting for your friend Guido. He is late and Marco tells you to call him on his cell phone. You tell Marco that the line is busy, so he suggests that you both try to reach Guido again later.

You write: TU: *Guido è in ritardo!*
MARCO: *Allora, chiamalo al cellulare.*
TU: *La linea è occupata.*
MARCO: *Va bene. . . lo richiameremo più tardi.*

1. The person on the line greets you, and you greet him/her in return. You give your name and say that you would like to speak with Cristina. The other person tells you that Cristina is not available and asks if you would like to leave a message. You say yes, and thank him/her politely.

_____

_____

_____

_____

_____

2. You call a restaurant and tell the person who answers that you would like to reserve a table for Saturday night. The person on the line tells you that you dialed the wrong number. You ask if you have called the restaurant *da Gennaro* and he answers that you have reached the dry cleaners, *Mille bolle*, instead. You apologize and thank him politely.

_____

_____

_____

_____

_____

_____

3. You would like to know if your sister's flight is on time. You tell your friend Mary to call the Malpensa airport. Mary answers that she does not want to make a long distance call. You tell her that there is an 800 number that she can call instead.

_____

_____

_____

_____

_____

_____

11.14 Annunci. Listen to the following four phone announcements. Then select all the words or expressions that you hear mentioned.

La linea è occupata   Segreteria telefonica

Cercare un numero   Sbagliare numero

Abbassare   Chiamare al telefonino

Fare una ricarica   Richiamare più tardi

Grammatica
Il gerundio e il progressivo (Textbook pp. 348–351)

11.15 Cosa stanno facendo? How likely would be it that these people are doing the following activities right now? First, write down the current time of day. Then select whether each statement would be **probabile** or **improbabile**.

Sono le _____. . .

1. Il tuo professore di italiano sta insegnando un corso.	probabile	improbabile
2. Tu stai pensando in italiano.	probabile	improbabile
3. Il tuo migliore amico sta studiando.	probabile	improbabile
4. Il tuo compagno/La tua compagna di stanza sta dormendo.	probabile	improbabile
5. La tua migliore amica sta scrivendo una mail.	probabile	improbabile
6. Il presidente degli Stati Uniti si sta divertendo.	probabile	improbabile

11.16 Ieri a quest'ora. . . Based on each drawing, write down what Flavio and some of his family and friends were doing yesterday.

1. Anna e Marco _____

2. Mio padre _____

3. Mia madre _____

4. Io _____

5. Damiano _____

6. Giuseppe _____

11.17 Probabilmente. . . Think about what these people could do in the following places at this time of the day. Then write down three of their possible activities, using the progressive construction and the correct verb tense.

1. Marco e Fabrizio al bar: _____
_____
_____

2. Tu e Franca dal parrucchiere: _____
_____
_____

3. Veronica a casa: _____
_____
_____

4. Ugo in biblioteca: _____
_____
_____

Nome: _____ Data: _____

PERCORSO III
I PIANI PER IL FUTURO

Vocabolario: Che farai dopo aver finito di studiare? (Textbook pp. 352–354)

11.18 Associazioni. You will hear four college students making statements about their future. Listen to them and choose from the list below the occupations that are most logically described by their statements.

1. ____
2. ____
3. ____
4. ____

a. lo stilista
b. la giornalista
c. il vigile del fuoco
d. la scienziata

11.19 Aspirazioni per il futuro. Read the following questions. Then complete the conversation between Angelo and Michela by inserting them in the appropriate places.

Vivrai a Roma?
Cercherai subito un lavoro?
Dove vivrai all'estero?

Che tipo di lavoro cercherai?
Ti sposerai?
Quando finirai l'università?

ANGELO: Michela, posso farti qualche domanda sui tuoi progetti per il futuro? Devo fare un mini sondaggio per il corso di sociologia.

MICHELA: Sì, perché no?

ANGELO: Grazie. (1) _____

MICHELA: Mi laureerò tra un anno.

ANGELO: (2) _____

MICHELA: Certo. Sto studiando proprio per trovare un buon posto di lavoro!

ANGELO: (3) _____

MICHELA: Spero di trovare un lavoro nel settore del *marketing* presso una multinazionale.

ANGELO: (4) _____

MICHELA: Ho un fidanzato ma per ora non abbiamo intenzione di sposarci. Vogliamo prima fare un po' di carriera e possibilmente lavorare qualche anno all'estero.

ANGELO: (5) _____

MICHELA: Non credo. Probabilmente vivrò a Milano.

ANGELO: (6) _____

MICHELA: Chissà. . . vorrei vivere a New York o a Londra, ma dovrò guadagnare molti soldi per poter vivere in queste città.

ANGELO: Abbiamo finito. Grazie per la disponibilità.

11.20 Il suo futuro. You will hear an Italian student making statements about his future plans. Listen to the statements and select the ones he says he will do.

Prenderà un altro titolo di studio.
Farà un viaggio negli Stati Uniti.
Farà uno stage all'estero.

Avrà molte soddisfazioni personali.
Dovrà sostenere molti sacrifici per fare carriera.
Avrà dei figli, ma solo dopo aver guadagnato molti soldi.

11.21 Il mio futuro. Now indicate which of the following statements apply to you.

Prenderò un altro titolo di studio.

Farò un viaggio negli Stati Uniti.

Farò uno stage all'estero.

Avrò molte soddisfazioni personali.

Dovrò sostenere molti sacrifici per fare carriera.

Avrò dei figli ma solo dopo aver guadagnato molti soldi.

Grammatica

Prima di e *dopo di* + **infinito** (Textbook pp. 355–357)

11.22 La sfera di cristallo. You and a friend look into a crystal ball and see your future. Match each sentence fragment with the one that best completes it.

1. Avrete successo nel lavoro
2. Vi sposerete
3. Dopo cinque anni di matrimonio,
4. Dopo aver scritto un libro,
5. Dopo aver finito il liceo,

   a. avrete un figlio.
   b. sarete due scrittori famosi.
   c. vostro figlio andrà all'università in Italia.
   d. ma solo dopo aver fatto molti sacrifici.
   e. prima di compiere trent'anni.

11.23 Prima e dopo. You will hear some students talking about the order in which they do certain things. Listen to their statements and then explain what they do, using either **prima di** or **dopo**, as in the example.

ESEMPIO:

You hear: Prima vado dal parrucchiere e poi esco a cena con il mio fidanzato.

You write: *Prima di uscire a cena con il suo fidanzato, lei va dal parrucchiere. /*
            Dopo essere andata dal parrucchiere, lei esce a cena con il suo fidanzato.

1. _____

   _____

2. _____

   _____

3. _____

   _____

4. _____

   _____

ANDIAMO AVANTI!

Leggiamo

11.24 Prima di leggere. Skim the information in the text on p. 181. Then choose the letter of the appropriate answer to each question.

1. Che cos'è?
   a. una pubblicità
   b. un articolo
   c. un sondaggio (*survey*)

2. Secondo te, il titolo suggerisce che
   a. in generale gli adolescenti vogliono sposarsi presto e farsi una famiglia.
   b. gli adolescenti non possono rinunciare alla famiglia e al cellulare.
   c. gli adolescenti pensano solo a fare carriera.

3. Secondo te, gli adolescenti intervistati
   a. descrivono la loro routine giornaliera.
   b. descrivono le loro personalità.
   c. parlano delle loro famiglie e dei loro sogni e aspirazioni.

11.25 Mentre leggi. As you read the following text, select all the words and expressions which help explain the first-year students' relationships with their families and their use of cell phones.

Tutti famiglia e cellulare: sei matricole si raccontano

■■■ FIAMMETTA
(Milano, 19 anni, Scienze politiche)
Famiglia: Ho tre fratelli più grandi, tre nipotini, due genitori meravigliosi. Mi diverto; mi fanno stare bene. La famiglia è il mio più grande punto di riferimento.
Oggetto di cui non posso fare a meno: il burro cacao.
Telefonini & co.: Il cellulare è molto utile, ma lo uso più per ricevere telefonate che per farle.
Da grande: Il magistrato o la carriera diplomatica.
Sogno nel cassetto: Passare tanto tempo in Kenya, a Malindi, con i 47 bambini dell'orfanatrofio[1] fondato tanti anni fa da mia madre e mio padre.

■■■ VANIA
(Bologna, 18 anni, Medicina)
Famiglia: So che non mi abbandonerà mai, qualunque cosa succeda.
Oggetto di cui non posso fare a meno: Il cellulare, ovviamente!
Telefonini & co.: Uso il cellulare per fare foto e mandare SMS a tutto il mondo!
Da grande: La pediatra.
Sogno nel cassetto: Realizzarmi nel lavoro, nell'amore e nella famiglia.

■■■ SONIA
(Venezia, 18 anni, Lingue e letterature straniere moderne)
Famiglia: Ti fa diventare quello che sei, ti forma e ti dà affetto[2]. Vorrei, però, un po' più di comprensione da parte dei miei genitori.
Oggetto di cui non posso fare a meno: La collana[3] che mi ha regalato mia nonna.
Telefonini & co.: Spendo tantissimo in SMS. Mi piace chattare perché conosci sempre persone nuove.
Da grande: La cantante o ballerina.
Sogno nel cassetto: Diventare famosa in tutto il mondo.

■■■ ARIANNA
(Roma, 18 anni, Economia)
Famiglia: È un appoggio[4] e un sostegno sempre e comunque.
Oggetto di cui non posso fare a meno: Il cellulare, naturalmente!
Telefonini & co.: Non posso fare a meno della tecnologia e sono una fanatica degli SMS.
Da grande: Lavorare nell'ambito dello sport o della moda.
Sogno nel cassetto: Sembrerà banale[5], ma ciò che desidero soprattutto è la felicità.

■■■ MATTEO
(Milano, 18 anni, Scienze motorie)
Famiglia: Mi dà affetto, è sempre disponibile, ma vorrei più comprensione. Mamma e papà hanno da ridire sulla musica che ascolto e su come mi vesto.
Oggetto di cui non posso fare a meno: I miei anelli[6]. Ne avevo dieci, uno per dito, ma alcuni purtroppo li ho persi.
Telefonini & co.: Uso molto il computer, soprattutto per le ricerche in rete. Il telefonino, invece, lo uso poco, anche perché lo dimentico sempre da qualche parte.
Da grande: Lo sportivo. Farò il professore di ginnastica.
Sogno nel cassetto: Suonare la chitarra e formare un gruppo musicale.

■■■ FRANCESCO
(Napoli, 19 anni, Scienze della comunicazione)
Famiglia: Niente è meglio della famiglia. C'è sempre e comunque.
Oggetto di cui non posso fare a meno: La Playstation e il cellulare.
Telefonini & co.: È indispensabile tutta la tecnologia. Io, però, uso Internet per chattare e scaricare musica *house*.
Da grande: Lavorare nel mondo dello spettacolo.
Sogno nel cassetto: Trovare una sistemazione di lavoro che mi soddisfi.

1. orphanage   2. affection   3. necklace   4. help, support   5. common   6. rings

11.26 Dopo la lettura. Now scan the text again and select the name(s) of the person or people to which each statement applies.

1. La famiglia è fondamentale   Fiammetta   Vania   Sonia   Arianna   Matteo   Francesco
   quando stai crescendo.

2. I miei genitori a volte   Fiammetta   Vania   Sonia   Arianna   Matteo   Francesco
   non mi capiscono.

3. Il cellulare è indispensabile.   Fiammetta   Vania   Sonia   Arianna   Matteo   Francesco

4. Uso il cellulare soprattutto   Fiammetta   Vania   Sonia   Arianna   Matteo   Francesco
   per mandare SMS.

5. Spero di lavorare nel   Fiammetta   Vania   Sonia   Arianna   Matteo   Francesco
   mondo dello spettacolo.

6. Realizzarsi nel lavoro   Fiammetta   Vania   Sonia   Arianna   Matteo   Francesco
   è importante.

Scriviamo

11.27 Le tue risposte. The journalist who conducted the survey above asks you to write a statement about each of the topics too, and you accept. First, fill in your answers to the survey. Then write a coherent paragraph based on the statements you gave.

✓ **Famiglia:**	✓ **Da grande:**
_____	_____
_____	_____
✓ **Oggetto di cui non posso fare a meno:**	✓ **Sogno nel cassetto:**
_____	_____
_____	_____
✓ **Telefonini & co.:**	
_____	
_____	
_____	

_____

_____

_____

_____

_____

_____

_____

_____

_____

_____

_____

Guardiamo

11.28 Prima di guardare. In this video clip, the characters talk about their short and long term activities and plans for the future. Divide the following list of activities between those that are short-term and those that can be long-term projects.

> **lavorare in magistratura   aprire uno studio da psicologo**
> **tagliarsi i capelli   andare in banca   guadagnare molti soldi**
> **fare il bucato   comprare scarpe   avere figli**
> **fare la maestra d'asilo   lavare la macchina**

Short term

_____

_____

_____

_____

_____

Long term

_____

_____

_____

_____

11.29 Mentre guardi. As you watch the video, select the letter of the correct answer to each of the following questions.

1. Plinio pubblicherà il suo _____ libro di poesie.

   a. primo
   b. terzo
   c. quarto
   d. quinto

2. Felicita comprerà

   a. scarpe, borse e regali.
   b. fratelli, sole e mare.
   c. casa, corpo e parrucchiere.
   d. bagno, marito e famiglia.

3. Laura si laureerà

   a. in scienze politiche.
   b. in scienze dell'educazione.
   c. in matematica.
   d. in scuola elementare.

4. Ilaria finirà l'università

   a. tra due anni.
   b. tra un anno.
   c. tra poco.
   d. tra sei mesi.

5. Gaia farà

   a. un corso scritto.
   b. un corso orale.
   c. un concorso in magistratura.
   d. il bucato.

6. Plinio andrà

    a. a fare il bucato.

    b. a tagliarsi i capelli.

    c. a cambiare l'olio.

    d. dal commercialista e dal meccanico.

11.30 Dopo aver guardato. Using the following questions to prompt your ideas, write a brief paragraph about your immediate and long-term future plans.

- What kinds of activities will you do next weekend?
- When do you plan to graduate from college/university?
- What are your future career plans?
- What are your plans for your personal life?

_____

_____

_____

_____

ATTRAVERSO LA LIGURIA

11.31 La Liguria. Look at the map on page 365 and reread the cultural section in your textbook. Then answer the following questions.

    1. Dov'è la Liguria? _____

    2. Quali regioni italiane confinano con la Liguria? _____

    3. Quale nazione confina con la Liguria? _____

    4. Come si chiama il mare della Liguria? _____

    5. Qual è il capoluogo della Liguria? _____

    6. Quali sono alcune località famose della Liguria? _____

La vita che vorrei

PERCORSO I
LA SCELTA DELLA CARRIERA

Vocabolario: Che cosa vorresti fare?
(Textbook pp. 369–371)

12.1 Carriere e professioni. Each of the professions described below is represented in the drawing. First, read each description that corresponds to the number of the person pictured. Then write the name of the profession described, with the correct definite article.

Descrizione	Professione
1. Cura i malati in ospedale e aiuta i dottori.	_____
2. Cura i denti dei suoi clienti.	_____
3. Visita i malati e gli dà le medicine.	_____
4. Progetta case e palazzi.	_____

12.2 Che lavoro fanno? Read the descriptions and decide which professions from the word bank they describe. Write your answers on the lines provided.

> l'idraulico   il dirigente   il chirurgo   il meccanico
> l'operaia   il parrucchiere   la commercialista   il commesso

1. Ripara automobili nella sua officina. _____

2. Lavora in fabbrica. _____

3. Lavora nel suo studio e calcola le tasse che dobbiamo
pagare ogni anno. _____

4. Vende in un negozio. _____

5. Lavora in sala operatoria e opera i pazienti. _____

6. Installa e aggiusta tubi dell'acqua e rubinetti. _____

7. Coordina e dirige un gruppo di impiegati in un'azienda. _____

8. Lava e taglia i capelli ai clienti. _____

12.3 La professione migliore. Four friends, Elena, Vittoria, Fabio, and Giovanni, mention some advantages and disadvantages of the jobs they have and/or the professions they would like to pursue. First, listen to their conversation. Then write the name of the job or profession to which each description refers in the statements you hear.

1. È un lavoro part-time che non dà molte soddisfazioni.

   _____

2. È un lavoro creativo ma si lavora molte ore al giorno.

   _____

3. È una professione in cui si guadagna poco e l'orario non è flessibile.

   _____

4. È una professione rispettata e interessante ma in cui si guadagna poco.

   _____

5. È una professione noiosa e sedentaria ma permette di guadagnare molto.

   _____

6. Si studiano materie interessanti e si sogna di fare carriera e avere successo.

   _____

12.4 Scegli un lavoro. Now choose a job with which you are familiar and write two advantages and two disadvantages of that job based on your personal experience.

Professione: _____

Vantaggi: 1. _____

            2. _____

Svantaggi: 1. _____

            2. _____

Grammatica

Il condizionale presente di *dovere, potere* e *volere* (Textbook pp. 372–375)

12.5 Il condizionale presente di *dovere*. Read the following statements and complete the suggestions about what each person should do, using the correct present conditional form of **dovere.**

1. Adoro i numeri.

   (Tu) _____ studiare matematica.

2. Carlo ha due offerte di lavoro ma non riesce a decidere quale accettare.

   (Lui) _____ valutare (*evaluate*) i vantaggi e gli svantaggi dei due lavori.

3. Ci piace occuparci dei malati e delle persone anziane.

   (Voi) _____ fare gli infermieri/le infermiere.

4. Trovano il loro lavoro poco stimolante.

   (Loro) _____ avere più entusiasmo e cercare di vedere gli aspetti positivi del loro lavoro.

5. Non andiamo d'accordo con il nostro capufficio (*office manager*).

(Noi) _____ spiegargli perché siamo insoddisfatti/e.

6. Faccio una vita sedentaria.

(Io) _____ fare una vita più attiva.

12.6 Il condizionale presente di *potere*. Each of the following people have a certain problem. Read their statements and complete the solution to their problems with the correct present conditional form of the verb **potere.**

1. Cesare abita fuori Milano.

_____ abitare in centro a Milano.

2. Tu non hai una macchina.

_____ comprare una macchina.

3. Chiara e Manuela lavorano fino alle otto di sera.

_____ lavorare fino alle sei di sera.

4. Tu e Francesco non siete soddisfatti del vostro lavoro.

_____ cambiare lavoro.

5. Ho un lavoro a tempo pieno e non posso mai andare a prendere mia figlia a scuola. Io _____ avere un lavoro part-time e così _____ andare a prendere mia figlia a scuola tutti i giorni.

6. Io e Sabrina facciamo le commesse in un negozio di abbigliamento da dieci anni. Con la nostra esperienza _____ aprire un negozio di abbigliamento.

12.7 Il condizionale presente di *volere*. All the following people would like to see some changes in what they do. Match each sentence fragment with the phrase that best completes it.

1. Simona è insoddisfatta del suo lavoro. . .

2. Piero e Silvio lavorano in banca ma. . .

3. Sono uno studente universitario ma non mi piace studiare. . .

4. Nello studio di architettura in cui lavori ti pagano poco. . .

5. Io e Anna lavoriamo in media dieci ore al giorno. . .

6. Non vi piacciono le persone con cui lavorate. . .

a. vorresti guadagnare di più.

b. vorreste dei colleghi più simpatici e interessanti.

c. vorremmo lavorare di meno.

d. vorrei già lavorare!

e. vorrebbe cambiare lavoro.

f. vorrebbero fare un lavoro più creativo.

12.8 Che cosa esprimono? Listen to the speakers as they express either a desire, a suggestion, a possibility, or a polite request. Then, for each statement, select the correct option.

1. un desiderio   un consiglio   una possibilità   una richiesta
2. un desiderio   un consiglio   una possibilità   una richiesta
3. un desiderio   un consiglio   una possibilità   una richiesta
4. un desiderio   un consiglio   una possibilità   una richiesta
5. un desiderio   un consiglio   una possibilità   una richiesta
6. un desiderio   un consiglio   una possibilità   una richiesta

PERCORSO II
SPERANZE E DESIDERI

Vocabolario: Che cosa ti piacerebbe? (Textbook pp. 376–378)

12.9 A chi? Match each sentence fragment with the phrase that best completes it.

1. A una persona idealista e altruista non piace. . .
2. Una persona ambiziosa con molte aspirazioni professionali ammira. . .
3. Una persona che vuole lavorare nel cinema vorrebbe conoscere. . .
4. Una persona che fa del volontariato. . .
5. Una persona disoccupata. . .
6. Una persona che fa sciopero. . .

a. non ha un lavoro.
b. non va a lavorare per protesta.
c. una persona materialista ed egoista.
d. Bill Gates.
e. Martin Scorsese.
f. non è interessata ai soldi.

12.10 Chi sono? Complete the sentences with your own descriptions of the following people.

ESEMPIO: Un altruista è una persona che *aiuta il prossimo.*

1. Un egoista è una persona che _____.
2. Un ambizioso è una persona che _____.
3. Un sognatore è una persona che _____.
4. Un ambientalista è una persona che _____.
5. Gli idealisti sono persone che _____.
6. Il sindaco è una persona che _____.

12.11 Ti piacerebbe. . .? Listen to the following people as they express their likes and dislikes. Then, for each statement they make, select the option that best relates to their desires.

1. a. fare sciopero
2. a. aiutare la gente
3. a. eliminare la disoccupazione
4. a. insegnare a rispettare l'ambiente
5. a. occuparmi di ecologia
6. a. essere un idealista

b. fare il giro del mondo
b. diminuire le tasse
b. contribuire alla pace nel mondo
b. votare per il partito degli ambientalisti
b. occuparmi di politica
b. essere egoista

Grammatica
Il condizionale presente (Textbook pp. 379–381)

12.12 Il condizionale presente. Conjugate the following verbs in the present conditional.

1. io - volere _____
2. loro - dovere _____
3. noi - potere _____
4. tu - sognare _____
5. lui - pagare _____
6. voi - occuparsi _____

7. io - vivere _____
8. lei - difendere _____
9. lui - diminuire _____
10. loro - finire _____
11. tu - stare _____
12. lei - mangiare _____

12.13 Un sogno ad occhi aperti. Complete the conversation between Giacomo and Miriam by filling in the blanks with the correct present conditional form of the verbs in parentheses.

GIACOMO: Quanto mi (1) _____ (piacere) guadagnare tanti soldi!

MIRIAM: Tu (2) _____ (volere) vincere la lotteria?

GIACOMO: Ma va'! Io (3) _____ (volere) fondare un'azienda e renderla famosa nel mondo.

MIRIAM: Come sei ambizioso! (Tu) (4) _____ (dovere) trovare il denaro. Senza un bel capitale iniziale non puoi fondare un'azienda.

GIACOMO: Se diventassi un grande imprenditore, (io) (5) _____ (fare) molta beneficenza, come Bill e Melinda Gates.

MIRIAM: (6) Tu _____ (occuparsi) anche di politica?

GIACOMO: Sicuramente. Io (7) _____ (cercare) di eliminare la disoccupazione, (8) _____ (diminuire) le tasse a tutti, (9) _____ (difendere) l'ambiente e (10) _____ (fondare) un partito politico, proprio come Silvio Berlusconi.

MIRIAM: Pensi che gli italiani ti (11) _____ (votare)? Pensi che (12) _____ (avere) fiducia (*trust*) in te?

GIACOMO: Non lo so. . . ma sono ottimista!

12.14 Consigli e forme di cortesia. Read the following short dialogues, and change the verbs from the present indicative to the present conditional, to make the suggestions and requests more polite.

1. —Mi aiuti / _____ a fare i compiti di italiano?
   —Mi dispiace, ma ho un appuntamento dal dentista.

2. —Abbiamo la macchina dal meccanico, potete / _____ prestarci la vostra?
   —Sì, ma riportatecela questa sera.

3. —Devo / _____ fare una telefonata urgente. Mi presti / _____ il tuo cellulare?
   —Certo, eccolo.

4. —Signor Rossi, posso / _____ leggere il suo giornale?
   —Sì, lo prenda pure.

5. —Vogliono fare qualcosa per difendere l'ambiente.
   —Possono / _____ incominciare a riciclare il vetro, la carta e la plastica.

6. —Vogliamo fare qualcosa per migliorare la nostra società.
   —Potete / _____ occuparvi di politica.

12.15 È un consiglio o una richiesta cortese? Now decide whether each dialogue from **12.14**. makes a suggestion (*un consiglio*) or expresses a polite request (*una richiesta cortese*).

1. un consiglio   una richiesta cortese
2. un consiglio   una richiesta cortese
3. un consiglio   una richiesta cortese
4. un consiglio   una richiesta cortese
5. un consiglio   una richiesta cortese
6. un consiglio   una richiesta cortese

12.16 Se fossi ricco/a. . . The following are things that Marco would do if he were rich. Using the given words and expressions, form complete sentences as in the example.

ESEMPIO: Io / comprare / Ferrari rossa
Io comprerei una Ferrari rossa.

1. Io e mia moglie / girare il mondo / non / lavorare

_____

2. Io / aiutare / i poveri / fare beneficenza

_____

3. Io / non / essere preoccupato(a) / carriera

_____

4. Io / non / occuparsi / di politica

_____

5. Io e mia moglie / mangiare / spesso / in ristoranti giapponesi

_____

6. Io / iscrivere (*to enroll*) / i miei figli / ad università / prestigiose

_____

 12.17 Futuro o condizionale? Indicate whether the speakers are talking about activities in the simple future or in the present conditional by selecting the correct tense.

1. Futuro   Condizionale
2. Futuro   Condizionale
3. Futuro   Condizionale
4. Futuro   Condizionale
5. Futuro   Condizionale
6. Futuro   Condizionale
7. Futuro   Condizionale
8. Futuro   Condizionale

PERCORSO III
LA CASA IDEALE

Vocabolario: Dove ti piacerebbe vivere? (Textbook pp. 383–385)

12.18 L'intruso. Select the word or expression that does not belong in each group.

1. il riscaldamento	l'aria condizionata	il traffico
2. la villa	la casa	il rumore
3. trasferirsi	cucinare	comprare casa
4. l'agenzia immobiliare	la zona	l'annuncio sul giornale
5. le manifestazioni culturali	la pace	la tranquillità
6. il calore	il caminetto	la terrazza

12.19 L'appartamento dei sogni. Complete the following passage about Camilla's dream apartment by filling in the blanks with the most appropriate word from the word bank.

> terrazza   stanze   centro   aria
> sogno   traffico   appartamento   bagno

Camilla e suo marito vorrebbero abitare in una zona costosa in (1) _____ a Milano. Vorrebbero abitare in un (2) _____ signorile dotato di (3) _____ con una bella vista su Milano, una camera per gli ospiti e l'(4) _____ condizionata. Sognano di arredare (*furnish*) l'appartamento con mobili moderni. Adesso abitano fuori Milano in un piccolo appartamento in affitto. L'appartamento ha solo quattro (5) _____: la cucina abitabile, il soggiorno, la camera da letto e il (6) _____. Nella via in cui abitano c'è molto (7) _____. Non possono tenere le finestre aperte perché c'è molto rumore. A Camilla e suo marito piacerebbe trasferirsi in centro tra qualche anno. Stanno rinunciando persino alle vacanze estive per mettere da parte i soldi che gli permetteranno di realizzare il loro (8) _____. Per ora, però, si accontentano di sognare ad occhi aperti!

12.20 È logico? Listen to the following statements and indicate whether each of them is logical or illogical by selecting the appropriate answer.

1. logico   illlogico
2. logico   illlogico
3. logico   illlogico
4. logico   illlogico
5. logico   illlogico
6. logico   illlogico
7. logico   illlogico
8. logico   illlogico

Grammatica

I pronomi doppi (Textbook pp. 386–388)

12.21 Com'era l'appartamento? You and your fiancé/e are looking for an apartment to buy and your real estate agent has just shown one to you. Your fiancé/e, who had a previous business engagement and couldn't see the apartment, calls and asks you some questions about it. Answer his/her questions using the **pronomi doppi** and making all the necessary changes.

ESEMPIO: Ci sono due camere da letto?
        Sì, ce ne sono due.

1. Ci sono almeno due bagni?

   _____

2. Ci sono terrazze?

   _____

3. Hai dato il nostro numero di telefono e il nostro indirizzo all'agente immobiliare?

   _____

4. Le hai detto che vogliamo un appartamento con l'aria condizionata?

   _____

5. Ti ha detto quanto costa l'appartamento?

_____

6. Ci mostrerà l'appartamento in via Verdi la prossima settimana?

_____

12.22 Cosa faresti se fossi il sindaco della tua città? A friend asks you what you would do if you were the mayor of your city or town. Write down his/her questions and your answers, as in the example.

ESEMPIO: dare soldi ai poveri della mia città
—_Daresti dei soldi ai poveri della tua città?_
—_Sì, glieli darei. / No, non glieli darei._

1. interessarsi della disoccupazione

_____
_____

2. diminuire le tasse ai concittadini (_fellow citizens_)

_____
_____

3. insegnare ai bambini a rispettare l'ambiente

_____
_____

4. dire ai concittadini di riciclare il più possibile

_____
_____

5. costruire case per i poveri

_____
_____

6. creare più posti di lavoro per le donne

_____
_____

7. occuparsi degli anziani soli

_____
_____

8. organizzare molte manifestazioni culturali per i giovani

_____
_____

12.23 Cosa faresti con i soldi di un'eredità? Your friend Grazia asks you what you would do if you inherited a lot of money from a distant relative. First, listen to her questions. Then write your answers using the **pronomi doppi**.

1. _____.

2. _____.

3. _____.

4. _____.

ANDIAMO AVANTI!

Leggiamo

12.24 Prima di leggere. Think about and write three qualities that it takes to succeed in the following professions at an international level.

un medico	un architetto	un'attrice
_____	_____	_____
_____	_____	_____
_____	_____	_____

12.25 Mentre leggi. As you read the following text, underline the expressions related to the professional experiences of the three famous Italians described in the article below.

UMBERTO VERONESI, uno dei pionieri della lotta contro[1] i tumori in Italia, è nato il 28 novembre 1925 a Milano da una famiglia di origine contadina. Si è laureato in medicina nel 1950 e ha svolto la sua carriera scientifica a Milano (salvo brevi periodi di lavoro in Francia e in Inghilterra), entrando a far parte dell'Istituto Tumori subito dopo la laurea.

Oggi è conosciutissimo in tutto il mondo. È stato il primo italiano presidente dell'Unione Internazionale di Oncologia e, nel 1995, ha fondato la Scuola Europea di Oncologia che ora dirige con successo. Secondo Veronesi, l'arma più efficace contro i tumori maligni (che considera "curabili") è la prevenzione, basata su uno stile di vita sano e un'alimentazione corretta e, possibilmente, vegetariana.

RENZO PIANO è nato a Genova il 14 settembre 1937, e si è laureato al Politecnico di Milano nel 1964. Dopo aver lavorato presso studi di architetti assai affermati all'epoca (come Franco Albini, Marco Zanuso, Louis Kahn e Z.S. Makowskj), e continuando ad aiutare il padre nel suo lavoro, ha iniziato in proprio un lavoro di sperimentazione che lo ha portato ad esiti[2] del tutto originali.

Alla fine degli anni Sessanta gli viene affidato uno dei progetti più discussi della sua carriera. Parigi, infatti, disponeva di una piazza non molto grande e del tutto anonima, che l'amministrazione cittadina aveva deciso di riqualificare, istituendo un centro per l'arte contemporanea. Ecco che nasce il Centre Georges Pompidou, detto anche "Beaubourg", cento mila metri quadrati nel cuore di Parigi, una struttura architettonicamente ardita[3] e costruita con materiali inusuali per l'epoca. Di lì in poi la carriera di Renzo Piano è stata un successo dopo l'altro.

SOFIA LOREN è nata a Roma il 20 settembre 1934 ma è cresciuta[4] a Pozzuoli, vicino a Napoli. Prima di sfondare nel mondo del cinema, ha partecipato a concorsi di bellezza, ha recitato nei fotoromanzi e in piccole parti cinematografiche con lo pseudonimo di Sofia Lazzaro. Sul set di *Africa sotto i mari* (1952) viene notata da Carlo Ponti, suo futuro marito, che le propone un contratto di sette anni.

Inizia così una carriera cinematografica che sulle prime la vede recitare in parti di popolana, come ad esempio *L'oro di Napoli* di Vittorio De Sica e poi a Hollywood al fianco di star come Cary Grant, Marlon Brando, William Holden e Clark Gable. Nel 1991 ha ricevuto l'Oscar, il César alla carriera e la Legion d'Onore. Niente male per una che veniva accusata di saper sostenere solo i ruoli di popolana e di aver fatto carriera grazie alla sua bellezza mediterranea.

1. fight against   2. results   3. daring   4. grew up

12.26 Dopo la lettura. Now scan the text again and answer the following questions about each person.

1. Che studi hanno fatto e dove?

Umberto Veronesi: _____

_____

Renzo Piano: _____

_____

Sofia Loren: _____

_____

2. Qual è stato il loro primo lavoro?

Umberto Veronesi: _____

_____

Renzo Piano: _____

_____

Sofia Loren: _____

_____

3. Qual è stato l'episodio determinante nella loro carriera?

Umberto Veronesi: _____

_____

Renzo Piano: _____

_____

Sofia Loren: _____

_____

4. Dopo avere letto le brevi biografie di questi tre italiani famosi che idea ti sei fatto/a di loro? Descrivi brevemente la loro personalità.

Umberto Veronesi: _____

_____

Renzo Piano: _____

_____

Sofia Loren: _____

_____

Scriviamo

12.27 Un americano famoso. An Italian friend of yours asks you to describè a famous American for his school newspaper. Write a paragraph in Italian about a famous American entrepreneur, politician, architect, sports star, or entertainment celebrity that you admire.

Guardiamo

12.28 Prima di guardare. In this video clip, several characters talk about their hopes for their personal lives and their careers. Choosing from the word banks provided, fill in the blanks with the appropriate verb form.

> **piacerebbe   vorrebbe   vorrebbe   spera**

1. Felicita _____ diventare professoressa di greco all'università perché le _____ insegnare a ragazzi grandi. _____ anche avere tanti figli e _____ di poter essere una brava mamma.

| piacerebbe | preferirebbe | sarebbe | vorrebbe |

2. Ilaria _____ abitare in città anche se sa che ci _____ molto traffico. Le _____ una casa con un grande salotto. _____ una grande cucina perché le piace cucinare per gli amici.

| lavora | sarà | sarebbe | sogna |

3. Laura _____ di diventare attrice anche se sa che _____ una carriera molto difficile. Per questo _____ tanto con la sua compagnia teatrale. Non _____ facile trovare lavoro in questo campo.

| passerebbe | piacerebbe | vorrebbe | servirebbe |

4. A Fabrizio _____ vivere a Parigi o su un'isola tropicale. Là _____ giornate tranquille e gli _____ soltanto una capanna. Però _____ una connessione Internet molto veloce.

| è | hanno | sa | mantenere |

5. Chiara _____ che è molto difficile trovare lavoro in Italia. Pochi _____ un lavoro soddisfacente. Per le donne _____ più difficile _____ il posto di lavoro quando hanno bambini.

| ammira | piacerebbe | potrebbe |

6. A Dejan _____ lavorare in un campo creativo che _____ comprendere la musica. Lui _____ le persone che hanno controllo sul loro lavoro.

12.29 Mentre guardi. While you are watching the video, write three things that each character desires.

1.
_____
_____
_____

2.
_____
_____
_____

3.
_____
_____
_____

4.
_____
_____
_____

5.

_____

_____

6.

_____

_____

12.30 Dopo aver guardato. Having listened to the characters describe their hopes and dreams, write a short paragraph about your desires for your own future.

_____

_____

_____

_____

_____

_____

_____

ATTRAVERSO IL VENETO

12.31 Il Veneto. Look at the map on p. 397. Reread the cultural section in your textbook and then answer the following questions.

    1. Dov'è il Veneto? _____

    2. Quali regioni italiane confinano con il Veneto? _____

    3. Quale nazione confina con il Veneto? _____

    4. Come si chiama il mare vicino al Veneto? _____

    5. Quali sono le città più importanti del Veneto? _____

    6. Sai quali sono i due luoghi di interesse turistico più famosi a Venezia? _____

_____

CAPITOLO 13

Dove andiamo in vacanza?

PERCORSO I
I MEZZI DI TRASPORTO

Vocabolario: **Che mezzo prendi?** (Textbook pp. 401–404)

13.1 Come ti piace viaggiare? Match each means of transportation with the situation in which you prefer to use it.

         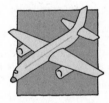

1. _____   2. _____   3. _____   4. _____   5. _____

   a. Per fare una lunga vacanza.

   b. Per visitare la famiglia e i parenti.

   c. Per fare una breve vacanza.

   d. Per fare un breve viaggio di lavoro.

   e. Per fare una crociera.

13.2 Perché lo preferisci? Now, based on the answers you gave in the previous activity, decide why you prefer one means of transportation over another. Select two answers from the word bank for each means of transportation and write them on the lines provided.

> È faticoso/a.   È conveniente.
> È comodo/a.   È economico/a.
> È lento/a.   È pericoloso/a.
> È efficiente.   È adatto/a.

Il treno: _____.

L'automobile: _____.

L'aereo: _____.

L'autobus: _____.

La nave: _____.

13.3 A proposito di mezzi di trasporto. Match the following statements or descriptions with the words or phrases with which they are most associated.

1. Si prende il treno.
2. Si aspetta il treno.
3. Si prende la nave.
4. È un tipo di biglietto.
5. Si fanno viaggi lunghi in macchina.
6. Se c'è questo cartello, non puoi fumare.

a. vietato fumare
b. di prima o di seconda classe
c. alla stazione
d. al binario
e. al porto
f. in autostrada

13.4 Come vuole viaggiare? You will hear a travel agent talking to four prospective clients. All the clients have opinions about forms of transportation. Listen to their conversations with the travel agent and decide whether the statements below are **Vero** o **Falso**.

1. La cliente preferisce viaggiare in aereo.   Vero   Falso
2. La cliente vuole prendere la nave.   Vero   Falso
3. Il cliente vuole noleggiare un'auto.   Vero   Falso
4. Il cliente vuole viaggiare in treno.   Vero   Falso

13.5 Perché lo preferisce? Now that you know the preferred means of transportation of the clients in **13.4**, listen to the conversations again and for each client, give two reasons for his/her choice.

1. Ragioni: _____
2. Ragioni: _____
3. Ragioni: _____
4. Ragioni: _____

Grammatica

I comparativi (Textbook pp. 405–409)

13.6 I comparativi. For each of the following statements, select whether it is a comparison of superiority (**maggioranza**), inferiority (**minoranza**), or equality (**uguaglianza**).

1. Il traghetto è meno pericoloso dell'aereo.
   maggioranza   minoranza   uguaglianza

2. L'automobile è più comoda della moto.
   maggioranza   minoranza   uguaglianza

3. Una crociera è tanto rilassante quanto una vacanza ai Caraibi.
   maggioranza   minoranza   uguaglianza

4. Un lungo viaggio in macchina è più faticoso di un lungo viaggio in treno.
   maggioranza   minoranza   uguaglianza

5. L'autobus è meno veloce della metropolitana (*metro*).
   maggioranza   minoranza   uguaglianza

6. La macchina è tanto economica quanto il treno.
   maggioranza   minoranza   uguaglianza

7. Un aereoporto è più grande di una stazione.
   maggioranza   minoranza   uguaglianza

8. Il vagone letto è meno scomodo della cuccetta.

    maggioranza   minoranza   uguaglianza

13.7 Ancora comparativi. Fill in the blanks with the correct comparative forms, using the terms of equality or inequality given in parentheses.

1. L'autobus è _____ veloce _____ il treno. (uguaglianza)
2. Una nave è _____ grande _____ un aereo. (maggioranza)
3. Le crociere sono _____ piacevoli _____ viaggi in aereo. (maggioranza)
4. Un'auto consuma _____ _____ una moto. (uguaglianza)
5. Gli autobus sono _____ rumorosi _____ treni. (minoranza)
6. Ho due fratelli _____. (minoranza)

13.8 Opinioni sui viaggi ed i mezzi di trasporto. How would you compare each of the following? Write two sentences for each pair, following the example.

ESEMPIO: la macchina / il treno
           Il treno è più costoso della macchina.
           La macchina è meno veloce del treno.

1. l'autobus / la macchina

    _____

    _____

2. l'autobus / il treno

    _____

    _____

3. la macchina / la bicicletta

    _____

    _____

4. la nave / il traghetto

    _____

    _____

5. un viaggio di lavoro / una vacanza

    _____

    _____

6. un biglietto di prima classe / un biglietto di seconda classe

    _____

    _____

13.9 Qual è stato il viaggio migliore? Two friends, Luca and Stefano, are comparing the trip to France they took last year with their most recent trip to Spain. Listen to their conversation and decide whether each of the following statements is **Vero** or **Falso**.

1. Il viaggio in Spagna è stato migliore del viaggio in Francia.   Vero   Falso
2. La cucina francese è meno pesante della cucina spagnola.   Vero   Falso
3. Secondo Luca, viaggiare in treno è peggio che viaggiare in macchina.   Vero   Falso
4. Secondo Stefano, viaggiare in treno è più divertente che viaggiare in macchina.   Vero   Falso
5. Il viaggio in Spagna è stato tanto lungo quanto il viaggio in Francia.   Vero   Falso
6. Il viaggio in Spagna è costato di più del viaggio in Francia.   Vero   Falso

PERCORSO II
ALBERGHI E CAMPEGGI

*V*ocabolario: Scusi, c'è posto? (Textbook pp. 410–413)

13.10 In albergo o in campeggio. Match each phrase in the first column with the most associated word or phrase from the second column.

1. il servizio in camera
2. non ci sono camere disponibili
3. tenda e sacco a pelo
4. singola, doppia o matrimoniale
5. al telefono, via fax o su Internet
6. la vista sul mare

a. la camera d'albergo o del residence
b. la prenotazione
c. il villaggio turistico
d. l'albergo a quattro o cinque stelle
e. il campeggio
f. tutto esaurito

13.11 Dove dovrebbe alloggiare?
Estella Gandino has to decide where to stay during her trip and has received information about some possible locations. First, read her criteria. Then select the place where you think she should stay, based on the descriptions for each accommodation.

-Voglio spendere poco
-Voglio avere un bagno privato
-Voglio stare vicino alla spiaggia
-Voglio trattenermi una settimana
-Voglio pagare con la carta di credito

1. <u>Pensione Margherita</u>: prezzi economici a settimana, camere singole o doppie senza bagno, televisione e frigobar in ogni camera. La pensione si trova nel centro del paese e a un chilometro dal mare. Non si accettano carte di credito. _____

2. <u>Hotel dei Navigatori</u>: albergo a cinque stelle, camere singole doppie e matrimoniali con bagno. L'albergo è sul mare e possiede una spiaggia privata riservata ai clienti. La spiaggia è particolarmente adatta a chi è in cerca di tranquillità. Per camere con vista sul mare aggiungere il 30% in piu sul prezzo del tipo di camera desiderata. _____

3. <u>Residence La Pineta</u>: prezzi ragionevoli, sconti per soggiorni di almeno cinque giorni, e si accetta carta di credito. Camere singole o doppie con bagno e angolo cottura (*kitchenette*). Televisione e collegamento ad Internet in ogni camera. Il residence è appena fuori dal paese. È immerso in una pineta ed è a dieci minuti a piedi dal mare. _____

4. <u>Campeggio Porta del Sole</u>: a cento metri dal mare, bungalow e posti tenda. Il campeggio è dotato di molti comfort: piscina, animazione, tavola calda e sala TV. Spiaggia privata riservata ai clienti del campeggio e attrazioni per bambini; possibilità di praticare sport. _____

13.12 Un viaggiatore esigente. You will hear a young man talking about his criteria for choosing where to stay when he travels. As you listen, select all the items that he mentions.

l'albergo   il frigobar

l'angolo cottura   l'aria condizionata

il prezzo   il riscaldamento

il bagno   gli asciugamani

la televisione   il parcheggio (*parking*) a pagamento

Grammatica

Il superlativo relativo (Textbook pp. 413–414)

13.13 Confronti. Reread the descriptions of the four locations in **13.11** and complete the sentences with the location that best fits each description.

ESEMPIO: L'alloggiamento più dotato è *l'Hotel dei Navigatori.*

1. L'alloggiamento più lontano dal mare è _____.

2. L'alloggiamento meno lontano dal mare è _____.

3. I due alloggiamenti più lussuosi (*luxurious*) sono _____.

4. I due alloggiamenti meno lussuosi sono _____.

5. L'alloggiamento meno tranquillo è _____.

6. L'alloggiamento più adatto per gli sportivi è _____.

7. L'alloggiamento meno adatto per gli sportivi è _____.

8. L'alloggiamento che non offre molti comfort è _____.

13.14 Che bel villaggio turistico! Fulvio and Barbara are talking about a beach resort in Sicily where they have just spent their dream vacation. Complete the sentences below with the relative superlative form of the adjectives given. Remember to make all the necessary changes in order for the relative superlative to agree with the noun it modifies.

1. Questo villaggio turistico è _____ della Sicilia. C'è addirittura un Internet café. (moderno)

2. La spiaggia è _____ della costa tirrenica. (bella)

3. Il mare è _____ che abbiamo mai visto. (pulito)

4. I frutti di mare (*seafood*) che si mangiano nel ristorante del villaggio turistico sono _____ che abbiamo mai mangiato. (buono)

5. Il nostro bungalow è _____ di tutto il villaggio turistico. (grande)

6. L'animazione (*organized entertainment*) è _____ tra tutti i villaggi turistici della Sicilia. (buono)

7. Le animatrici (*entertainment organizers*) sono _____ che abbiamo mai avuto. (simpatico)

8. I prezzi sono _____ della costa tirrenica. Probabilmente sono _____ di tutta la Sicilia! (alto)

Il superlativo assoluto (Textbook pp. 414–416)

13.15 Com'è andata la tua vacanza? Your friend Elisabetta just came back from vacation and tells you some of the details. Rewrite the sentences substituting **molto** with the adjective + suffix **issimo/a/i/e**.

ESEMPIO: I ristoranti erano molto eleganti.
I ristoranti erano elegantissimi.

1. Faceva molto caldo.

_____

2. Gli alberghi erano molto cari ma molto belli.

_____

3. Il cibo era molto buono.

_____

4. Il servizio in camera dell'albergo Tre Torri era molto scadente (*poor*).

_____

5. Le spiagge erano molto affollate (*crowded*).

_____

6. Il mare era molto limpido.

_____

 13.16 Ricordi di viaggio. Read each pair of sentences. Then listen to Sara and Margherita's statements about their vacation in England last summer and, for each statement, select the sentence that best paraphrases the facts.

1. a.   Sara e Margherita l'anno scorso hanno fatto una vacanza bellissima in Inghilterra.
   b.   Sara e Margherita l'anno scorso hanno fatto una vacanza lunghissima in Inghilterra.

2. a.   Sara e Margherita hanno conosciuto dei ragazzi americani simpaticissimi.
   b.   Sara e Margherita hanno conosciuto dei ragazzi americani antipatici.

3. a.   Sara e Margherita hanno mangiato molto male.
   b.   Sara e Margherita hanno mangiato molto bene.

4. a.   A Londra, Sara e Margherita hanno alloggiato in una pensione molto pulita.
   b.   A Londra, Sara e Margherita hanno alloggiato in una pensione molto sporca (*dirty*).

5. a.   Faceva bel tempo.
   b.   Faceva brutto tempo.

6. a.   Sara e Margherita si sono divertite molto.
   b.   Sara e Margherita si sono divertite abbastanza.

PERCORSO III
LE VACANZE

Vocabolario: Dove andiamo in vacanza? (Textbook pp. 417–419)

13.17 Che luogo di vacanza ti ricorda? Match each sentence fragment with the phrase that best completes it.

1. La maschera, le pinne e le immersioni mi ricordano. . .
2. Un sentiero mi ricorda. . .
3. Gli animali e la campagna mi ricordano. . .
4. I musei e le mostre mi ricordano. . .

a. una vacanza in montagna.
b. una vacanza in una città d'arte.
c. una vacanza in un agriturismo.
d. una vacanza al mare.

13.18 Le vacanze dei signori Mascetti. Complete the description of the Mascettis' summer vacation by filling in the blanks with the correct words and expressions from the word bank.

si abbronza	crema abbronzante	fare scalate
costume da bagno	sentieri di montagna	occhiali da sole
fa il bagno	fanno windsurf	motoscafi	scarponi da montagna

Ogni estate, i signori Mascetti trascorrono quindici giorni al mare e quindici giorni in montagna. Alla signora Mascetti piace molto il mare. Va in spiaggia ogni giorno, si mette il (1) _____, gli (2) _____, la (3) _____ e poi si siede sulla sedia a sdraio (*beach chair*) e (4) _____ per ore. Quando ha molto caldo (5) _____ per rinfrescarsi. Qualche volta le piace guardare i ragazzi che (6) _____ o i (7) _____ che passano non lontano dalla riva del mare. Il signor Mascetti, invece, non vede l'ora (*cannot wait*) di partire per la montagna. Gli piace (8) _____. Si sveglia molto presto la mattina, si mette gli (9) _____ e va a camminare sui (10) _____ che conosce bene.

13.19 Reazioni. Comment on each of the following activities as shown in the example given. Write your reactions on the lines provided.

ESEMPIO: andare in motoscafo
> *Non mi piace andare in motoscafo. Preferisco nuotare perché mi rilassa e mi aiuta a stare in forma.*

1. abbronzarsi

_____

_____

2. fare windsurf

_____

_____

3. fare scalate

_____

_____

4. riposarsi sulla spiaggia

_____

_____

13.20 Guarda e descrivi. Look at the following drawings and describe what is happening in each of them.

1. _____

_____

_____

_____

_____

_____

2. _____

_____

_____

_____

_____

_____

3. _____

_____

_____

_____

_____

_____

4. _____

_____

_____

_____

_____

_____

13.21 Dove sono andati? Listen to the following people talking about what they did last weekend. According to the activities they did and/or what they saw, select the letter of the place where they spent the weekend.

1. **a.** al mare
   b. in montagna
   c. in un agriturismo
   d. in una città d'arte
   e. a casa

2. **a.** al mare
   b. in montagna
   c. in un agriturismo
   d. in una città d'arte
   e. a casa

3. **a.** al mare
   b. in montagna
   c. in un agriturismo
   d. in una città d'arte
   e. a casa

4. **a.** al mare
   b. in montagna
   c. in un agriturismo
   d. in una città d'arte
   e. a casa

5. **a.** al mare
   b. in montagna
   c. in un agriturismo
   d. in una città d'arte
   e. a casa

6. **a.** al mare
   b. in montagna
   c. in un agriturismo
   d. in una città d'arte
   e. a casa

Grammatica

Aggettivi e i pronomi indefiniti: un riepilogo (Textbook pp. 420–422)

13.22 Un bravo agente di viaggio. Read the passage below and complete it by filling in the blanks with the correct indefinite adjective or pronoun from the word bank.

alcuni	qualcosa	qualcuno	qualche	ogni	tutti	altri

Mirella e Silvana vogliono visitare le Cinque Terre durante le vacanze di Pasqua. Oggi sono andate in (1) _____ agenzia di viaggio per chiedere informazioni sugli alberghi. (2) _____ gli alberghi sembravano avere un problema: (3) _____ erano troppo cari, (4) _____ troppo lontani dal mare e in altri c'era già il «tutto esaurito». Mirella non poteva crederci! (5) _____ le aveva detto che non è mai un problema trovare una camera d'albergo alle Cinque Terre. Alla fine, un agente di viaggio molto gentile ha provato a telefonare a (6) _____ pensione della zona e, alla fine, è riuscito a trovare un camera doppia in una pensioncina di un paesino non lontano da Vernazza. Mirella e Silvana erano molto contente e non sapevano come ringraziarlo. Lui gli ha risposto che il suo lavoro è quello di accontentare i clienti e che se si ha pazienza e determinazione si trova sempre (7) _____.

13.23 Che cosa fai nel tempo libero? Each of us spends the weekend in different ways. Read the following sentences and rewrite them by replacing the indefinite adjective with another of the same meaning.

ESEMPIO: Tutti le domeniche esco a cenare con mio marito.
   Ogni domenica esco a cenare con mio marito.

1. Qualche volta preferisco rimanere a casa a leggere e guardare la televisione.

_____

2. C'è sempre qualche mostra da vedere.

_____

3. Cerco sulle guide turistiche alcune cose da visitare nella mia regione.

_____

4. In inverno vado in montagna a sciare con alcuni amici/alcune amiche.

_____

5. In estate vado al mare ogni weekend.

_____

6. Ognuno passa il weekend come più gli piace.

_____

13.24 Domande sulle tue vacanze. You will hear six questions asking about what you do when you are on vacation. Answer the questions in complete sentences.

1. _____
2. _____
3. _____
4. _____
5. _____
6. _____

ANDIAMO AVANTI!

Leggiamo

13.25 Prima di leggere. Read carefully the following facts about the Chianti region in Tuscany, Italy. Do you know any other information about this beautiful region? Look up three more pieces of information on your favorite search engine and add them to the following list.

—Il Chianti è un vino rosso prodotto in Toscana.

—La splendida campagna (_countryside_) intorno alla città di Siena si chiama «il Chianti» perché proprio in questa zona si trovano i vigneti (_vineyards_) dai quali si produce il vino con lo stesso nome.

—Nella campagna del Chianti ci sono anche molti uliveti (_olive groves_) e quindi in questa zona, oltre al vino, si produce anche un ottimo olio d'oliva.

—Oggi nel Chianti ci sono molti cascinali medioevali (_medieval farms_) ristrutturati e trasformati in bellissimi alberghi e agriturismi.

—Ogni anno migliaia di turisti italiani e stranieri trascorrono le vacanze nel Chianti.

—Siena è una bella cittadina medioevale famosa per il Palio.

— _____

— _____

— _____

Nome: _____   Data: _____

13.26 Mentre leggi. As you read the descriptions of different types of accommodation in the Chianti region, select the words and expressions related to the Medieval past of the accommodations described, as well as the words and expressions related to the services offered by the different accommodations.

Hotel Residence Borgo il Poggiaccio
Località Il Poggiaccio – Sovicille (Siena)

Trecentesco borgo ben ristrutturato, vi attende tra Siena e San Gimignano nella meravigliosa campagna senese per accogliervi[1] in appartamenti dalle magiche atmosfere medioevali. Nell'antica cantina c' è un bellissimo ristorante con enoteca[2] e piano bar. Il ristorante è famoso per l'eccellente cucina toscana preparata con i più freschi e genuini prodotti del territorio e per l'ottima scelta di vini regionali. D'estate si cena sulla grande terrazza a bordo piscina, a lume di candela con in sottofondo[3] le note del pianoforte.

Agriturismo I Poggi Gialli
Sinaluga (Siena)

Antico casolare[4] ben ristrutturato che offre, accanto alla villa padronale dell'800, tre bellissimi appartamenti, tutti caratterizzati da diverse e originali architetture. Ogni appartamento è dotato di frigorifero, forno ventilato e TV. C'è una bella piscina con vasca idromassaggio e stupendo panorama delle colline[5] senesi.

B&B Casa Lucia
Località Corsignano – Vagliagli (Siena)

Appena fuori città, il B&B Casa Lucia vi attende nel verde della campagna senese per accogliervi in un piccolo borgo in pietra, tra boschi e vigneti, nel cuore del Chianti. Ideale per vacanze rilassanti, offre accoglienti camere arredate con mobili d'epoca e appartamenti completi di ogni comfort. Camera doppia con bagno 2 persone da 76 euro a 89 euro.

Agriturismo San Gallo
Montepulciano (Siena)

A un chilometro dal centro storico, questo agriturismo vi attende tra tradizione ed eleganza in un trecentesco casale immer-so nella pace delle vigne dei colli[5] senesi. È dotato di appartamenti e camere. Vasto giardino panoramico, piscina, forno a legna, barbecue, percorso natura, oasi protetta bird watching, mountain bike. I proprietari dell'agriturismo vendono, su richiesta, il vino Nobile e l'olio d'oliva di loro produzione.

Hotel Le Pozze di Lecchi
Località Molinaccio – Gaiole in Chianti (Siena)

È un mulino[6] del '400 trasformato in uno splendido albergo a quattro stelle. L'hotel Le Pozze di Lecchi vi attende in un ecosistema d'incantevole suggestione caratterizzato da cascatelle[7] e pozze d'acqua sorgiva[8] ideali per bagni rinfrescanti a contatto con la natura. Qui tutto ha un fascino medioevale: le belle sale con mobili antichi, i pavimenti in cotto, le camere impreziosite dalle travi a vista[9]. Stupenda la piscina, ottima la cucina con colazione a buffet, deliziosa la "zona relax" con possibilità di massaggi e trattamenti estetici.

Hotel Athena
Via Mascagni, 55 – Siena

A 300 metri dal Duomo e da Piazza del Campo, l'hotel Athena offre comodità e servizi ad alto livello[10] in una zona della città silenziosa e panoramica, facilmente accessibile da Porta San Marco. Qui, lontani dai rumori del traffico cittadino, troverete la quiete di cento belle camere con bagno o doccia, telefono, TV, frigobar e aria condizionata. C'è anche una splendida terrazza con vista sulla città, suggestiva cornice[11] per rilassanti conversazioni al bar o per romantiche cene a lume di candela. Inoltre, c'è un elegante ristorante con cucina toscana e una moderna sala conferenze.

1. welcome you   2. wine cellar   3. background   4. farmhouse   5. hills   6. mill
7. little waterfalls   8. pools of spring water   9. exposed beams   10. high-quality   11. suggestive atmosphere

13.27 Dopo la lettura. If you were to go on vacation in the Chianti region, which of the accommodations described above would you choose? Write at least three reasons for your choice on the lines provided.

Sceglierei _____ *perché. . .*

_____

_____

_____

_____

Scriviamo

13.28 Scriviamo. You are the manager of a hotel on the beautiful Amalfi Coast (**costiera amalfitana**) near Naples. You are competing to win an award for the best hotel on the coast, and you have to submit an essay stating the reasons why your hotel is the best to visit. First, select from the following statements the qualities you think would help your hotel win the award. Then write three more statements of your own. Finally, write a letter in support of your proposal to win the award for the best hotel on the Amalfi coast. Be sure to organize the ideas you selected in the first part of the activity to create a strong argument.

1. Il nostro albergo è a cinque stelle ed ha una bellissima vista sul golfo di Salerno. _____
2. I nostri prezzi sono i piu cari di tutta la costiera amalfitana. _____
3. Il rapporto qualità prezzo del nostro albergo è ottimo. _____
4. L'anno scorso abbiamo avuto il maggior numero di clienti americani tra tutti gli alberghi della costiera amalfitana.
5. Alcuni nostri clienti non lasciano (*leave*) l'albergo soddisfatti. _____
6. Tutti i nostri clienti lasciano l'albergo soddisfatti. _____
7. I nostri camerieri sono i migliori della costiera. _____
8. Le nostre camere con vista sul mare costano il 50% in piu delle camere senza vista sul mare. _____
9. Pochissimi turisti italiani frequentano il nostro albergo, i nostri clienti sono quasi tutti stranieri. _____
10. Nel nostro albergo è severamente vietato fumare. _____

___ _____
___ _____
___ _____

Guardiamo

13.29 Prima di guardare. During the summer, Italians often travel both in Italy and abroad especially during the month of August. Families leave the heat of the cities and go either to the beach or to the mountains, or they visit important tourist sites. Familiarize yourself with the vocabulary describing vacations and means of transportation. Then match the following words and expressions with their correct English meanings.

1. camera matrimoniale
2. vista sul mare
3. treno
4. sistemazione
5. crociera
6. vagone letto

a. cruise
b. train
c. accommodation
d. sleeping car
e. ocean view
f. double room

13.30 Mentre guardi. While you are watching the video, listen to the characters and choose the letter of the phrase that best completes each sentence.

1. Vittorio è andato in viaggio in
   a. Inghilterra, Francia e Spagna.
   b. Francia, Germania e Spagna.
   c. Portogallo, Spagna e Francia.
   d. Germania, Polonia e Danimarca.

2. Vittorio per pagarsi le vacanze ha lavorato
   a. come animatore turistico.
   b. come medico di crociera.
   c. come un sardo.
   d. con sua madre in Germania.

3. Emma è andata in vacanza in
   a. Argentina, Cile e Perù.
   b. Cile, Bolivia e Venezuela.
   c. Messico, Cile e Bolivia.
   d. Messico, Bolivia e Perù.

4. Emma preferisce il Messico per
   a. la spiaggia, il mare e i musei.
   b. la gente, le città e la storia.
   c. la gente allegra e il mare.
   d. la carta verde e gli studenti.

5. Laura per il suo ultimo viaggio è andata
   a. in treno al mare.
   b. in crociera in Egitto.
   c. in autobus in montagna.
   d. in automobile in città.

6. Laura in vacanza
   a. ha dormito in albergo.
   b. ha dormito in cabina con sua sorella.
   c. ha mangiato cibo tipico egiziano.
   d. ha mangiato in treno.

7. Il viaggio più indimenticabile di Plinio è stato
   a. con Marco Polo.
   b. cinque anni fa.
   c. con l'aria condizionata.
   d. in Cina.

8. L'autobus di Plinio
   a. si è fermato nel deserto.
   b. era all'ombra.
   c. era moderno.
   d. era in ritardo.

13.31 Dopo aver guardato. Now imagine that you are on vacation. Write a postcard to a friend telling him/her where you have decided to go and what you are doing there.

Carola

ATTRAVERSO LA CAMPANIA

13.32 La Campania. Look at the map on p. 431, reread the cultural section in your textbook and then answer the following questions.

1. Dov'è la Campania? _____

2. Quali regioni italiane confinano con la Campania? _____

3. Come si chiama il mare vicino alla Campania? _____

4. Quali sono le città più importanti della Campania? _____

5. Sai quali sono le due isole più famose del Golfo di Napoli? _____

6. Sai quali sono i due luoghi di interesse turistico più famosi della Campania? _____

7. Qual è un piatto napoletano che è diventato famoso in tutto il mondo? _____

8. Come si chiamano le famose ceramiche prodotte in Campania? _____

Nome: _____ Data: _____

Quante cose da fare in città!

PERCORSO I
FARE ACQUISTI IN CITTÀ

Vocabolario: **Compriamolo in centro!** (Textbook pp. 435–439)

14.1 I negozi. The drawing below portrays some of the most common stores you can find in an Italian city. Look at it and then match the letter of the store to each numbered building.

1. ____	**a.** la profumeria
2. ____	**b.** la pasticceria
3. ____	**c.** la cartoleria
4. ____	**d.** la tabaccheria
5. ____	**e.** il ristorante
6. ____	**f.** il duomo
7. ____	**g.** il cinema
8. ____	**h.** la gelateria
9. ____	**i.** il negozio di abbigliamento
10. ____	**l.** la farmacia

14.2 L'intruso. Select the word or expression that does not belong in each group.

1. la salumeria	la rosticceria	l'edicola
2. il gelato	la carne	la macelleria
3. il pane	la frutta	la panetteria
4. l'edicola	il giornale	la profumeria
5. l'abbigliamento	la sciarpa	la gioielleria
6. in banca	a fianco di	in fondo a
7. il mercato all'aperto	l'ufficio postale	il supermercato
8. il fruttivendolo	la frutta	il forno

14.3 Facciamo la spesa. You will hear six people talking about things they need to buy. First, listen to what they say. Then, for each statement, select the letter of the store they should go to.

1. **a.** la macelleria	**b.** il fruttivendolo	**c.** il centro commerciale
2. **a.** il negozio di abbigliamento	**b.** la libreria	**c.** la macelleria
3. **a.** il supermercato	**b.** la salumeria	**c.** la gelateria
4. **a.** il cinema	**b.** la tabaccheria	**c.** la pasticceria
5. **a.** la rosticceria	**b.** la panetteria	**c.** la farmacia
6. **a.** la farmacia	**b.** il supermercato	**c.** il fruttivendolo

Grammatica
Il plurale di nomi ed aggettivi (Textbook pp. 439–440)

14.4 Dove si fanno queste cose? Complete the descriptions below by filling in the blanks with the appropriate building names in their plural forms.

1. Nelle _____ si vendono medicine.

2. Nelle _____ si legge e si studia.

3. Nei _____ si va a fare footing o delle passeggiate.

4. Negli _____ si dorme quando si viaggia o si è in vacanza.

5. Quando si esce a cena si mangia nei _____.

6. I giornali e le riviste si comprano nelle _____.

14.5 E se sono tanti? You will hear a speaker saying the names of some of the buildings you find in a city. Listen to the speaker and then write the building names in their plural forms. Be sure to include the correct definite article in each.

1. _____

2. _____

3. _____

4. _____

5. _____

6. _____

7. _____

8. _____

L'imperativo informale con i pronomi (Textbook pp. 440–443)

14.6 Un compagno/Una compagna di appartamento premuroso/a (*thoughtful*). You are sick with the flu and must stay in bed. Your roommate asks you what he/she can do for you. Answer all his/her questions using the imperative form of the verbs and substituting the underlined words with the appropriate pronouns. Be sure to follow the sentence structure of the model exactly.

ESEMPIO: Ti posso comprare <u>della zuppa</u>?
Sì, compramela. / No, non comprarmela.

1. Non abbiamo più acqua gassata, devo comprare <u>l'acqua</u>?

_____

2. Devo comprare <u>del pane</u>?

_____

3. Ti devo prendere <u>delle arance</u>? Contengono molta vitamina C.

_____

4. Devo andare <u>in farmacia</u>?

_____

5. Devo telefonare <u>ai tuoi genitori</u>?

_____

6. Ti porto <u>la colazione</u> a letto?

_____

14.7 Una cena impegnativa. A friend of yours has invited a few classmates and two of her professors over for dinner. However, she has some doubts about what to wear and what to offer them. Read her thoughts below and then answer them with a verb in the imperative form and a pronoun.

ESEMPIO: «Ho invitato a cena alcuni miei compagni e due dei miei professori e non so se vestirmi formalmente. . .»
Vestiti formalmente. / Non vestirti formalmente.

1. «Non so se mettermi la gonna lunga rossa, forse è troppo elegante. . .»

_____

2. «Non so se preparargli un secondo piatto di carne, magari uno di loro è vegetariano. . .»

3. «Penso di offrirgli delle paste come dolce. . .»

_____

4. «Non so se dare loro dello spumante con le paste. . .»

_____

 14.8 Scegli la risposta giusta. You will hear Pietro and Chiara asking their friend Viola questions about errands they are supposed to run. Select the answers that Viola gives, using the correct imperative forms and pronouns.

1. a. Fatela!   b. Fammela!   4. a. Vacci!   b. Andateci!
2. a. Prendila!   b. Prendetene!   5. a. Passateci!   b. Passaci!
3. a. Comprateglielo!   b. Compratemelo!   6. a. Usatela!   b. Usala!

PERCORSO II
IN GIRO PER LA CITTÀ

*V*ocabolario: Scusi, per andare. . .? (Textbook pp. 444–446)

14.9 Dove arrivi? Imagine you are a tourist visiting Sicily and spending a day in Catania. A local tells you what you shouldn't miss and gives you directions to the places he thinks you should absolutely see. Look at the map of the historical center of Catania, read the directions given below, and write the name of the place to which each set of directions takes you.

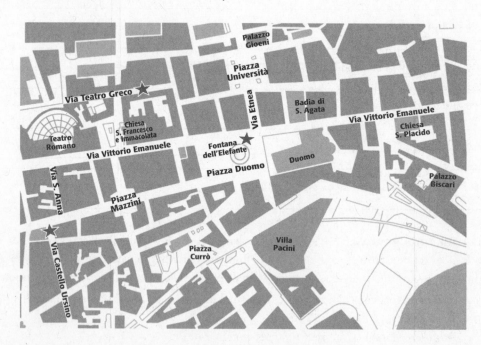

1. Sei in piazza Università. Prendi via Etnea e vai sempre dritto fino a via Vittorio Emanuele. Attraversa la strada, vai nel centro della piazza ed è proprio lì, di fronte a te. _____

2. Sei in piazza Mazzini. Gira a destra in Via S. Anna e vai sempre dritto. È proprio lì, di fronte a te.
_____

3. Sei in piazza del Duomo. Prendi via Etnea e vai sempre dritto. Attraversa piazza Università e poi prendi la prima via a destra. Prosegui per 50 metri e la trovi alla tua sinistra. _____

4. Sei davanti alla Chiesa di S. Placido. Prendi Via Vittorio Emanuele e poi gira a destra in Via Etnea. Questa è la piazza di fronte a te. _____

14.10 I tuoi luoghi preferiti. Using the expressions you learned to give and follow directions, complete the following sentences with respect to the city where you live.

1. Il mio ristorante preferito si chiama _____. Per andarci da casa mia

_____.

2. Di solito faccio la spesa al supermercato _____. Per arrivarci da casa mia

_____.

3. Il mio parco preferito si chiama _____. Per andarci da casa mia

_____.

4. Le mie lezioni di italiano sono _____. Per arrivarci da casa mia _____

_____.

14.11 Dove sono? Listen to the short conversations and select the location in which each one most likely takes place.

1. **a.** al supermercato
    b. al ristorante
    c. in città
    d. in banca

2. **a.** all'università
    b. al ristorante
    c. al supermercato
    d. in profumeria

3. **a.** al ristorante
    b. in banca
    c. al centro commerciale
    d. in città

4. **a.** in albergo
    b. al supermercato
    c. in macelleria
    d. in città

Grammatica
L'imperativo formale (Textbook pp. 446–450)

14.12 L'imperativo formale. Complete the charts with the correct forms of the informal imperative.

Verbi Regolari

	Singolare affermativo	Plurale affermativo	Singolare negativo	Plurale negativo
continuare	continui!	_____	_____	_____
prendere	_____	_____	_____	_____
proseguire	_____	proseguano!	_____	_____
spedire	_____	_____	_____	non spediscano!
sedersi	_____	_____	non si sieda!	_____
divertirsi	_____	si divertano!	_____	_____

Verbi Irregolari

	Singolare affermativo	Plurale affermativo	Singolare negativo	Plurale negativo
andare	_____	_____	_____	_____
fare	_____	*facciano!*	_____	_____
bere	*beva!*	_____	_____	_____
uscire	_____	_____	_____	_____
avere	_____	_____	*non abbia!*	_____
essere	_____	_____	_____	_____

14.13 Regole sociali. Read the following scenarios and choose whether the formal or informal imperative form should be used in each situation.

1. uno studente universitario al suo professore di matematica   Formale   Informale
2. un turista a un passante (*passer-by*)   Formale   Informale
3. una figlia a sua madre   Formale   Informale
4. una impiegata di banca a una sua collega   Formale   Informale
5. il cameriere di un ristorante a un cliente   Formale   Informale
6. un cliente alla panettiera   Formale   Informale
7. una studentessa a un'altra studentessa   Formale   Informale
8. un ragazzo ad una persona anziana   Formale   Informale

14.14 Formale o informale? The following pairs of expressions correspond to some of the situations mentioned in **14.13**. Read each pair of expressions. Then write the corresponding scenario from the previous activity and select the letter of the most appropriate statement for the situation.

1. _____
   a. Dammi un chilo di pane.
   b. Mi dia un chilo di pane.

2. _____
   a. Se le piace il pesce, provi il risotto ai frutti di mare, è ottimo.
   b. Se ti piace il pesce, prova il risotto ai frutti di mare, è ottimo.

3. _____
   a. Mamma, se vai al supermercato comprami uno spazzolino da denti nuovo.
   b. Mamma, se va al supermercato mi compri uno spazzolino da denti nuovo.

4. _____
   a. Scusi, parla inglese?
   b. Scusa, parli inglese?

5. _____
   a. Vada alla lezione d'italiano, è divertente!
   b. Va' alla lezione di italiano, è divertente!

6. _____
   a. Professore, dimmi se ho fatto bene il compito.
   b. Professore, mi dica se ho fatto bene il compito.

14.15 Cosa si dice ai turisti? You will hear an Italian couple giving suggestions to some American tourists. Listen to the statements and select **Sì** if they are likely to be given as advice to tourists, and **No** if they are not.

1. Sì No	**3.** Sì No	**5.** Sì No	**7.** Sì No	**9.** Sì No					
2. Sì No	**4.** Sì No	**6.** Sì No	**8.** Sì No	**10.** Sì No					

PERCORSO III
LE SPESE PER L'ABBIGLIAMENTO

Vocabolario: Su, dai, misuratelo! (Textbook pp. 451–454)

14.16 Che cosa indossano? Match the following people with the outfit that each of them is most likely to wear.

1. un turista
2. una donna d'affari
3. un commercialista
4. una signora a una prima (*opening*) a La Scala
5. un atleta
6. un signore a una prima a La Scala

a. una maglietta di cotone, una tuta e le scarpe da ginnastica
b. una collana e degli orecchini d'oro e un abito da sera
c. la camicia, il papillon (*bow tie*), lo smoking e le scarpe nere eleganti
d. una camicia, una cravatta, un vestito, le calze e un paio di scarpe
e. i pantaloni corti, una camicia a fiori molto colorata e le scarpe da ginnastica
f. una camicetta di seta, un tailleur e un paio di scarpe con i tacchi, una collana e degli orecchini

14.17 E tu, cosa indosseresti? Describe your favorite outfit for formal and informal occasions.

1. Formale: _____

_____

2. Informale: _____

_____

14.18 Che cosa preferisci? Complete the sentences with the most logical word from the word bank.

seta	pesanti	cotone	lino	lana	leggeri

1. In inverno, preferisco degli abiti di _____.
2. Quando faccio footing, preferisco una maglietta e dei pantaloncini di _____.
3. Quando fa molto caldo, preferisco degli abiti di _____.
4. Quando nevica e fa freddo, preferisco abiti _____.
5. Quando vado a un matrimonio, preferisco un abito di _____.
6. In estate, preferisco abiti _____.

14.19 Acquisti prima della partenza. Giulia and Mauro are packing for their next vacation. Listen to their conversation and then briefly answer the questions below, as in the example.

ESEMPIO: Che cosa non hanno Giulia e Mauro?
vestiti leggeri / vestiti leggeri da mettere in valigia

1. Dove vanno tra pochi giorni Giulia e Mauro?

_____

2. Perché decidono di entrare nel negozio?

_____

3. Che cosa si prova Giulia?

_____

4. Che cosa si prova Mauro?

_____

5. Che taglia porta Mauro?

_____

6. Che cosa compra di sicuro Giulia?

_____

Grammatica
I verbi riflessivi con i pronomi di oggetto diretto (Textbook pp. 454–456)

14.20 Un'amica curiosa. Your curious friend Stefania asks you questions about yourself and some other mutual friends of yours. Answer her questions by filling in the blanks with the appropriate reflexive verbs and direct object pronouns.

ESEMPIO: Ti metti spesso il pigiama per andare a letto?
Sì, *me lo metto* spesso.

1. Ti metti il tailleur per andare all'università?
   No, _____ per andare ai colloqui di lavoro.

2. Ti metti molti anelli di solito?
   No, _____ uno solo.

3. Quando andate in un negozio di abbigliamento, vi misurate molti abiti?
   Sì, _____ sempre moltissimi!

4. Vi mettete spesso le scarpe con i tacchi alti?
   Sì, _____ spesso.

5. Ti sei provata quella collana di perle di fiume?
   No, _____. Costava troppo.

6. Hai visto Giada e Noemi ieri sera? Si sono messe i sandali nuovi?
   Sì, _____. Gli stavano benissimo!

14.21 Come sono belli! Complete the sentences below by filling in the blanks with the appropriate reflexive verb forms with direct object pronouns from the word bank.

provatele	misurateveli	misurarmeli	mettitela	misurarmela	provatelo

1. Che bella gonna! Posso _____?

2. Com'è bello quel giubbotto! Paolo, dai, _____!

3. Quelle scarpe con i tacchi alti ti starebbero bene. Dai, _____!

4. Che bei sandali marroni! Ragazze, _____!

5. Com'è bella quella tuta! Sergio, _____ e guardati allo specchio!

6. Quei guanti di pelle sono bellissimi. Posso _____?

14.22 Conosciamoci meglio. You will hear a speaker asking you six questions about your habits regarding clothing and accessories. Answer the questions affirmatively or negatively, in complete sentences. Be sure to use the correct direct object pronouns in your answers.

1. _____
2. _____
3. _____
4. _____
5. _____
6. _____

ANDIAMO AVANTI!

Leggiamo

14.23 Prima di leggere. When you shop you have to make some decisions. Read the statements below and select whether each behavior describes a responsible or irresponsible consumer.

1. Leggere l'etichetta (*label*) di un prodotto.	Responsabile	Irresponsabile
2. Non leggere o domandare il prezzo del prodotto che si vuole comprare.	Responsabile	Irresponsabile
3. Informarsi sulla qualità di un prodotto prima di comprarlo.	Responsabile	Irresponsabile
4. Buttare via (*throw away*) la ricevuta (*receipt*).	Responsabile	Irresponsabile
5. Confrontare i prezzi di un prodotto in negozi diversi.	Responsabile	Irresponsabile
6. Comprare un prodotto solo perché è di una marca famosa.	Responsabile	Irresponsabile

14.24 Mentre leggi. The article below advises on how to be a responsible consumer. As you read it, underline both the words you already know and those you recognize as cognates.

▶ Come diventare consumatori responsabili

a. Quando comprate un prodotto, ricordatevi che la vostra scelta avvantaggia un'azienda[1] piuttosto che un'altra.

b. Prima di fare un acquisto, confrontate i prezzi e la qualità dei prodotti di aziende diverse e dello stesso prodotto in negozi diversi.

c. Leggete attentamente le etichette dei prodotti e la data di scadenza[2] dei prodotti alimentari e delle medicine. Queste informazioni devono sempre essere leggibili. Inoltre, se comprate un prodotto che deve essere installato o montato[3], le relative istruzioni devono essere chiare.

d. Prima di firmare un contratto di acquisto, leggetene attentamente tutte le sezioni, anche quelle scritte in caratteri molto piccoli[4]. Se c'è qualcosa che non capite, domandate spiegazioni al venditore[5].

e. I documenti scritti in vostro possesso vi aiuteranno a risolvere eventuali problemi se il prodotto che comprate è difettoso. Verificate sempre che la vostra ricevuta contenga i dati del venditore, le informazioni sul prodotto che avete comprato ed il prezzo.

f. Ricordate che la pubblicità non dà informazioni obbiettive. Il prodotto migliore non è necessariamente quello che si pubblicizza in televisione o sui giornali.

g. Consumate prodotti alimentari che non fanno male alla vostra salute. Comprate cibi senza additivi, fertilizzanti o conservanti artificiali.

h. Comprate prodotti in contenitori riciclabili o riutilizzabili, dando così il vostro contributo alla protezione dell'ambiente.

1. benefits one business   2. expiration date   3. assembled   4. the fine print   5. seller

14.25 Dopo la lettura. Now write the letter of the point from the article above next to the most appropriate statement of consumer advice.

1. Non si devono comprare alimenti dannosi (*harmful*) per la salute. _____
2. Non ci si deve fidare (*trust*) troppo della pubblicità. _____
3. Si deve leggere con attenzione l'etichetta di ogni prodotto che si compra. _____
4. Non ci si deve dimenticare che ogni acquisto che si fa è un "voto" all'azienda che lo produce. _____
5. Si devono sempre richiedere la ricevuta e la garanzia. _____
6. Si devono sempre confrontare prodotti simili di marche diverse. _____
7. Non si deve firmare nessun contratto senza prima averlo letto con attenzione. _____
8. Si deve contribuire alla protezione dell'ambiente. _____

Scriviamo

14.26 Sei responsabile? Are you a responsible consumer? First, think about two things you usually do, two things you never do, and two things you sometimes do among the pieces of advice given above. Then think about two other things that a responsible consumer does that the article does not mention. Finally, with the information you now have, complete the following conclusions on the lines provided.

Per diventare un consumatore più responsabile,
   io devo incominciare a...
   -
   -
   -

Devo anche smettere di...
   -
   -
   -

E devo continuare a...
   -
   -
   -

Secondo me, un consumatore davvero
   responsabile non dimentica mai di...
   -
   -
   -

Guardiamo

14.27 Prima di guardare. In this video clip, the characters talk about shopping, specifically for groceries and clothes. Read the following statements and select if they might be possible or impossible.

1. Ilaria può comprare il pane dal panettiere.	Possibile	Impossibile
2. Chiara compra una camicetta in un negozio d'abbigliamento.	Possibile	Impossibile
3. Nel negozio di alimentari si vendono scarpe e collane.	Possibile	Impossibile
4. Il farmacista vende medicine.	Possibile	Impossibile
5. Nella gioielleria si vendono pantaloni.	Possibile	Impossibile
6. Nella macelleria si può comprare frutta.	Possibile	Impossibile

14.28 Mentre guardi. While you are watching the video, listen carefully for the answers to the following questions and select the letter of the phrase that best completes each sentence.

1. Ilaria, quando deve fare una spesa consistente, va

   a. al supermercato.

   b. dal panettiere.

   c. in autobus.

   d. a piedi.

2. Il proprietario del negozio di alimentari vende

   a. formaggio, prosciutto e yogurt.

   b. pantaloni, gonne, camicie e scarpe.

   c. orecchini, bracciali e frutta.

   d. affettati, gonne e tonno.

3. La borsa che vuole comprare la signora costa

   a. 50 euro.

   b. 60 euro.

   c. 55 euro.

   d. 75 euro.

14.29 Dopo aver guardato. List two things that the characters mention in the video, and write your answers in full sentences.

Ilaria:

1. _____

2. _____

Chiara:

1. _____

2. _____

Il proprietario del negozio di alimentari:

1. _____

2. _____

Fabrizio:

1. _____

2. _____

ATTRAVERSO LA SICILIA

14.30 La Sicilia. Look at the map on p. 463. Reread the cultural section in your textbook and answer the following questions.

1. Dov'è la Sicilia? _____

2. Che cos'è? _____

3. Quali sono le città più importanti della Sicilia? _____

4. Perché la città di Palermo è la più importante di tutte? _____

_____

5. Come si chiama il famoso vulcano attivo della Sicilia? _____

6. Ricordi il nome di almeno tre scrittori o artisti siciliani? _____

_____

Nome: _____ Data: _____

Alla salute!

PERCORSO I
IL CORPO E LA SALUTE

𝒱ocabolario: Che fai per mantenerti in forma? (Textbook pp. 467–470)

15.1 Le parti del corpo. Match each sentence fragment with the phrase that best completes it.

1. Gli stivali si mettono
2. I pantaloni si infilano
3. Il braccialetto si mette
4. L'orologio si mette
5. La collana si mette
6. Il cappello si mette
7. La maglietta si infila
8. La cintura si mette

a. intorno alla vita (*waist*).
b. al collo.
c. in testa.
d. nella parte superiore del corpo.
e. al braccio.
f. nelle gambe.
g. ai piedi.
h. al polso.

15.2 Con che parti del corpo le associ? Write the part of the body that you associate with each item of clothing or accessory pictured below.

1. _____
2. _____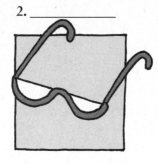
3. _____

4. _____
5. _____
6. _____
7. _____

15.3 L'intruso. Select the word or expression that does not belong in each group.

1. ingrassare dimagrire essere a dieta essere nocivo
2. l'alimentazione sana esagerare fare bene mantenersi in forma
3. fare sport mantenersi in forma non ingrassare prendere vitamine
4. sano vegetariano le vitamine il fast-food
5. la bocca il piede le orecchie gli occhi
6. le ossa le vitamine la pelle il cuore

15.4 Hai abitudini sane? Listen to the conversation between Simone and Mario about their eating habits. Then answer the following questions.

1. Dove si svolge la conversazione tra i due amici?

_____

2. Perché, secondo Simone, Mario ha un'alimentazione sana? Scrivi almeno tre attività che fa per mantenersi in forma.

 a. _____

 b. _____

 c. _____

3. Quali sono le tre abitudini alimentari di Simone che sono nocive per la sua salute?

 a. _____

 b. _____

 c. _____

4. Le tue abitudini alimentari assomigliano di più (*are most similar*) a quelle di Mario o a quelle di Simone? Perché?

_____

Grammatica
Le espressioni impersonali + l'infinito (Textbook pp. 471–472)

15.5 Che cosa non si consiglia in questi casi? Read the following statements. Then, for each of them, select the letter of the piece of advice that would be most *incorrect* to give.

1. Il tuo compagno di appartamento beve solo Coca-Cola.
 a. È meglio bere dell'acqua.
 b. È necessario bere Coca-Cola.
 c. Non bisogna bere solo Coca-Cola.

2. Tuo fratello fa una vita molto sedentaria.
 a. È impossibile fare sport quando si fa un lavoro a tempo pieno.
 b. Bisogna fare sport.
 c. È meglio fare regolarmente un po' di attività fisica.

3. La tua migliore amica è molto stanca.

    a. Non è necessario studiare così tanto.

    b. Bisogna riposarsi e rilassarsi ogni tanto.

    c. È meglio non riposarsi mai.

4. Tua madre ha il raffreddore (*a cold*).

    a. È necessario prendere delle vitamine, specialmente della vitamina C.

    b. Bisogna andare subito all'ospedale.

    c. È meglio evitare di prendere freddo.

15.6 Che problemi hanno? Anna and Valentina have some problems. Below are the statements of advice they receive from a friend. For each piece of advice, decide what the problem is and write it on the lines provided.

ESEMPIO: Non bisogna fumare.

          Fumano. / Fumano troppo.

1. È meglio rilassarsi.

_____

2. Bisogna dimagrire.

_____

3. È meglio non andare da McDonald's.

_____

4. È necessario bere molta camomilla prima di andare a dormire.

_____

5. È possibile fare attività fisica due o tre volte alla settimana.

_____

6. Non è impossibile fare i compiti e studiare un po' tutti i giorni.

_____

15.7 Di che cosa parlano? Listen to the following short dialogues. Then select the letter of the subject of each conversation.

1. a. Lucia e Paola partono per una vacanza domani e devono ancora fare le valigie.
    b. Lucia e Paola hanno un esame domani.

2. a. Sandra e Simona fanno molto sport.
    b. Sandra e Simona lavorano molte ore al giorno.

3. a. Mauro e Sergio parlano di come si fa a mantenersi sani.
    b. Mauro e Sergio devono assolutamente fare una dieta.

4. a. Carlo e Fabrizio vogliono dimagrire.
    b. Carlo e Fabrizio non vogliono ingrassare.

PERCORSO II
DAL MEDICO

*V*ocabolario: Come si sente? (Textbook pp. 473–475)

15.8 Che disturbo hai? Match each health complaint with the appropriate piece of advice.

1. Ho mal di testa!
2. Mi fa male lo stomaco!
3. Ho la febbre alta e mal di gola!
4. Ho la tosse (*cough*)!
5. Ho di nuovo mal di schiena!
6. Ho l'influenza!
7. Mi sono fatto/a male a un ginocchio! Forse è rotto!
8. Ho mal di denti!

a. Va' dal dentista.
b. Prendi un antidolorifico.
c. Prendi un'aspirina ogni quattro ore, stai a letto e bevi molti liquidi.
d. Fai una radiografia.
e. Prendi lo sciroppo.
f. Prendi l'antibiotico.
g. Prendi un'aspirina.
h. Prendi un antiacido.

15.9 L'influenza. Read the following conversation between two roommates, Marta and Elena. Elena caught the flu and Marta is willing to help in any way she can. After reading, fill in the blanks with the correct information.

MARTA: Elena, sei pallida (*pale*) oggi. Stai male?

ELENA: Ho mal di gola.

MARTA: Misurati la febbre!

ELENA: L'ho già misurata. È alta, ho la febbre a 39 gradi.

MARTA: Prendi subito un'aspirina e poi va' dal dottore.

ELENA: Sono andata dal dottore questa mattina. Mi ha visitata e mi ha detto che ho l'influenza. Devo prendere un'aspirina ogni cinque ore, lo sciroppo due volte al giorno e una compressa di antibiotico ogni dodici ore. Inoltre, devo riposarmi e bere molti liquidi per almeno tre giorni.

MARTA: Ti ha dato la ricetta per l'antibiotico? Devo andare in farmacia a comprartelo?

ELENA: Sì, grazie Marta, sei molto gentile. Io mi metto a letto perché ho i brividi (*chills*) e mi gira la testa (*I feel dizzy*).

MARTA: Va' a letto e riposati. Io vado subito in farmacia e quando torno ti faccio un buon tè caldo.

Febbre: _____

Sintomi: _____

Diagnosi del medico: _____

Consigli del medico: _____

_____

_____

Che cosa fa Marta per aiutare Elena? _____

_____

_____

15.10 Buoni consigli e cattivi consigli. Listen to two patients describing their ailments. After each description, read the four pieces of advice and select whether they are good or bad for the patient.

Consigli per il paziente 1:

1. Bisogna che tu stia a letto e ti riposi.   Buono   Cattivo
2. Devi andare in montagna a sciare.   Buono   Cattivo
3. È necessario che tu prenda l'aspirina e beva molto.   Buono   Cattivo
4. È importante che tu vada in piscina a nuotare.   Buono   Cattivo

Consigli per il paziente 2:

5. Devi bere molti liquidi.   Buono   Cattivo
6. È importante che tu vada in palestra e faccia molta ginnastica.   Buono   Cattivo
7. Bisogna che il dottore ti faccia un'iniezione antidolorifica.   Buono   Cattivo
8. Riposati e stai a letto, se puoi. Prendi un'aspirina ogni quattro ore.   Buono   Cattivo

Grammatica

Il congiuntivo presente (Textbook pp. 476–480)

15.11 Il congiuntivo presente. Complete the table below by writing the missing present indicative and present subjunctive verb forms on the lines provided.

	Presente Indicativo	Presente Congiuntivo
ingrassare	(io) ingrasso	che io ingrassi
	(tu) ingrassi	che tu _____
	(lui/lei) ingrassa	che lui/lei ingrassi
	(noi) _____	che noi ingrassiamo
	(voi) ingrassate	che voi _____
	(loro) _____	che loro ingrassino
soffocare	(io) soffoco	che io _____
	(tu) soffochi	che tu soffochi
	(lui/lei) soffoca	che lui/lei soffochi
	(noi) soffochiamo	che noi soffochiamo
	(voi) _____	che voi soffochiate
	(loro) soffocano	che loro _____
soffrire	(io) soffro	che io _____
	(tu) _____	che tu soffra
	(lui/lei) _____	che lui/lei _____
	(noi) soffriamo	che noi _____
	(voi) soffrite	che voi soffriate
	(loro) _____	che loro soffrano
dimagrire	(io) _____	che io dimagrisca
	(tu) dimagrisci	che tu dimagrisca
	(lui/lei) dimagrisce	che lui/lei _____
	(noi) _____	che noi dimagriamo
	(voi) _____	che voi _____
	(loro) _____	che loro _____

15.12 Dal medico. Complete the following statements using the verbs from the word bank in the present subjunctive.

soffrire	riposarsi	dimagrire	mangiare	seguire	misurarsi	prendere	guarire

1. È importante che Lei _____ le medicine.
2. È bene che loro _____ e bevano molti liquidi.
3. Bisogna che voi _____ la febbre ogni cinque ore.
4. È meglio che Lei _____ poco per un paio di giorni. Ha fatto indigestione.
5. Spero che loro _____ presto.
6. È necessario che voi _____ almeno 4 o 5 chili.
7. Credo che Carlo _____ molto. Si è rotto la caviglia destra.
8. Dubito che i miei figli _____ i miei consigli.

15.13 Che pazienza!

Tommaso's roommates are sick in bed with the flu. Since they have terrible sore throats, they write Tommaso notes to let him know what they need him to do for them. Read each note, and then write what his roommates want him to do, from Tommaso's point of view. The first one is partially done as an example.

– Comprare sciroppo per la tosse.

– Prendere succo d'arancia al supermercato.

Grazie.
Marco

– Chiamare il dottore.

– Non organizzare feste o cene con gli amici nei prossimi giorni.

☺ Marco e Leonardo.

– Telefonare al dentista per cancellare appuntamento

– Preparare brodo di pollo[1] per cena

Grazie. Leonardo –

1. chicken soup

Avvisare il professore di biologia che siamo ammalati

– Pulire la casa.

Grazie mille!
Marco e Leonardo

1. *Marco vuole che io gli compri lo sciroppo per la tosse in farmacia e. . .* _____.

2. _____.
   _____.

3. _____.
   _____.

4. _____.
   _____.

15.14 Che cosa pensa il dottore? Listen to doctor Arciprete's comments and decide whether the following statements might be **Vero** or **Falso**.

1. Pensa che noi mangiamo al fast-food troppo spesso.   Vero   Falso
2. Dubita che i suoi pazienti ascoltino i suoi consigli.   Vero   Falso
3. Insiste sempre che il signor Ferrara dimagrisca un po'.   Vero   Falso

4. Vuole che io prenda meno medicine.   Vero   Falso
5. È contento che voi siate ammalati.   Vero   Falso
6. Teme che Grazia abbia un braccio rotto.   Vero   Falso

Il congiuntivo presente dei verbi irregolari (Textbook pp. 480–482)

15.15 Il congiuntivo presente dei verbi irregolari. Complete the table below by writing the missing conjugated verbs on the lines provided.

	avere	essere	stare	fare	potere	venire
che io	abbia	_____	stia	faccia	_____	venga
che tu	abbia	sia	_____	_____	possa	_____
che lui/lei	_____	_____	stia	_____	possa	venga
che noi	_____	_____	_____	facciamo	_____	veniamo
che voi	abbiate	siate	_____	_____	possiate	_____
che loro	_____	_____	_____	_____	_____	_____

15.16 Un paziente indisciplinato. Signor Battocchio is an undisciplined patient and, although he is running a fever, he refuses to listen to his doctor's advice. Rewrite the following statements using the present subjunctive.

ESEMPIO: Il signor Battocchio non prende lo sciroppo.
          La dottoressa vuole che *il signor Battocchio prenda lo sciroppo.*

1. Il signor Battocchio ha la febbre alta.
   La dottoressa pensa che _____.

2. Il signor Battocchio non prende le medicine e non beve liquidi.
   La dottoressa desidera che _____.

3. Il signor Battocchio esce di casa anche con la febbre alta e va a lavorare.
   La dottoressa spera che _____.

4. Il signor Battocchio è molto testardo (*stubborn*) e non ascolta i consigli della dottoressa.
   Bisogna che _____.

5. Il signor Battocchio dice che basta un bicchiere di vino al giorno per levare il medico di torno (*to keep the doctor away*).
   È meglio che _____.

6. Al signor Battocchio non piacciono i dottori.
   È molto probabile che _____.

15.17 Sofia ha una brutta cera. . . Giulia and Martina are talking about a mutual friend who they think is in bad shape lately. Rewrite the following statements using the expressions in parentheses in the present subjunctive.

ESEMPIO: Sofia è ammalata. (andare a letto)
          È necessario che *vada a letto.*

1. Sofia ultimamente è molto pallida, forse è anemica. (fare una cura di ferro)
   È bene che _____.

2. Sofia mangia tutti i giorni al fast-food. (non esagerare con il fast-food)
   Bisogna che _____.

3. Sofia ha sempre mal di testa e non riesce a studiare. (andare dal dottore)
   È meglio che _____.

4. Sofia dorme pochissimo. (non uscire tutte le sere e non tornare a casa alle tre del mattino)
   È necessario che _____.

5. Sofia e il suo ragazzo vanno spesso in birreria. (non bere troppo)
   È importante che loro _____.

6. Sofia non sta bene, dobbiamo aiutarla! (volere il nostro aiuto)
   È improbabile che _____.

15.18 Qual è il consiglio migliore? You will hear two doctors describe some of their patients' health issues. Complete the following sentences by selecting the letter of the best suggestion for each problem.

1. È necessario che il signor Paoli. . .
   a. mangi esclusivamente frutta e verdura.
   b. faccia una dieta più equilibrata e dimagrisca un po'.
   c. stia a letto e si riposi.

2. Bisogna che la signora Rigoni. . .
   a. dimagrisca.
   b. vada all'ospedale immediatamente.
   c. prenda l'antibiotico e stia a letto per qualche giorno.

3. È bene che i signori Casu. . .
   a. facciano al più presto una radiografia; lei alla gamba e lui alla schiena.
   b. vadano in palestra regolarmente.
   c. si mantengano in forma.

4. Credo che i signori Corradetti. . .
   a. debbano prendere le vitamine tutti i giorni.
   b. non vogliano mai più andare in vacanza al mare.
   c. debbano prendere un'aspirina, debbano bere molti liquidi e abbiano bisogno di riposarsi.

PERCORSO III
LA SALUTE, L'AMBIENTE E LE NUOVE TECNOLOGIE

Vocabolario: Credo che le nuove tecnologie abbiano solo danneggiato l'ambiente. (Textbook pp. 483–485)

15.19 La protezione dell'ambiente. Complete the following table by listing both a problem related to each topic and a possible solution for it.

Tema	Problema	Possibile soluzione
La natura	_____	_____
L'aria	_____	_____
I rifiuti	_____	_____
Le risorse naturali	_____	_____
Lo smog	_____	_____
Il cibo	_____	_____

15.20 Che cosa mangiamo? Complete the following expressions related to the food we eat by writing in the missing letters in each word.

1. __ p__st__c__d__
2. __ __ __ns__ __v__nt__
3. __ __ c__b__ b__ __l__g__c__
4. __ __ b__ __t__cn__l__g__ __
5. __ __ s__l__t__
6. __l__ __l__m__nt__ tr__n__g__n__c__

15.21 Il problema dell'alimentazione. You will hear a short speech about the problem of feeding the world population. Listen to the speech and then determine whether each of the following statements are **Vero** or **Falso**.

1. In questo secolo sul nostro pianeta tutti mangiano molto.   Vero   Falso
2. La popolazione mondiale diminuisce di anno in anno.   Vero   Falso
3. Gli scienziati stanno lavorando per risolvere il problema dell'alimentazione nel Terzo Mondo (*Third World*).   Vero   Falso
4. L'ingegneria genetica ha già aiutato ad aumentare la produzione di riso.   Vero   Falso
5. Il riso geneticamente modificato non esiste.   Vero   Falso
6. Grazie alla ricerca scientifica la produzione di riso e aumentata di circa il 60%.   Vero   Falso

Grammatica

Il congiuntivo passato (Textbook pp. 486–488)

15.22 Problemi ecologici. Form sentences by matching the numbered phrases with the phrases that best complete them.

1. Penso che l'agricoltura biologica
2. È certo che le risorse naturali del nostro pianeta
3. Crediamo che la deforestazione
4. Bisogna che i rifiuti
5. È possibile che a causa dell'inquinamento (*pollution*) dei mari
6. Per diminuire lo smog nelle città
7. Dubito che
8. Non dubitiamo che la diminuzione dello strato dell'ozono

a. vengano riciclati.
b. molti pesci si siano estinti.
c. sono quasi finite.
d. si possano coltivare piante che migliorano la qualita dell'aria.
e. sia la causa di molti tumori.
f. sia un'agricoltura che rispetta l'ambiente.
g. abbia causato danni irreparabili al nostro pianeta.
h. è necessario che tutti vadano a lavorare in bicicletta.

15.23 Sei d'accordo o no? Now decide whether you agree or disagree with the statements in **15.22.** Write your reasons for agreeing or disagreeing on the lines provided.

1. _____
2. _____
3. _____

4. _____

5. _____

6. _____

7. _____

8. _____

15.24 I pensieri di uno studente ecologicamente impegnato. Rewrite the following thoughts of an eco-friendly Italian college student, using the past subjunctive.

ESEMPIO: Penso che molte fabbriche inquinino i mari.
Penso che molte fabbriche abbiano inquinato i mari.

1. Credo che il governo italiano non faccia abbastanza per proteggere l'ambiente.

_____.

2. Non dubito che il partito dei Verdi (*the Green party*) abbia delle proposte interessanti per la salvaguardia dell'ambiente.

_____.

3. Penso, però, che poche persone li ascoltino.

_____.

4. È improbabile che il governo obblighi gli italiani a riciclare, usare la benzina verde e riscaldare le case con forme di energia alternative.

_____

_____.

15.25 Positivo o negativo? You will hear six statements about the protection of the environment and our health. As you listen to them, select whether each statement reflects a positive or negative view of environmental protection.

1. Positivo	Negativo	**4.** Positivo	Negativo
2. Positivo	Negativo	**5.** Positivo	Negativo
3. Positivo	Negativo	**6.** Positivo	Negativo

15.26 Presente o passato? Indicativo o congiuntivo? Listen to the statements from **15.25** again and select whether the verb within the clause is in the present indicative, present subjunctive, or past subjunctive.

1. Indic. Presente	Cong. Presente	Cong. Passato
2. Indic. Presente	Cong. Presente	Cong. Passato
3. Indic. Presente	Cong. Presente	Cong. Passato
4. Indic. Presente	Cong. Presente	Cong. Passato
5. Indic. Presente	Cong. Presente	Cong. Passato
6. Indic. Presente	Cong. Presente	Cong. Passato

ANDIAMO AVANTI!

Leggiamo

15.27 Prima di leggere. Do you know anybody with bad eating habits? In your opinion, describe in detail four bad eating habits that prevent people from keeping in shape and staying healthy.

1. _____
2. _____
3. _____
4. _____

15.28 Mentre leggi. The text below is an instructional flyer that advises people how to improve their eating habits. As you read it, underline all the good and bad eating habits mentioned in the text.

PERCHÉ NON RIESCI A DIMAGRIRE?

→ Per aiutarti a capirlo descriviamo le principali cattive abitudini alimentari che fanno ingrassare le persone, spiegandoti come trasformarle in buone abitudini:

In genere non ti preoccupi di mangiare cibi a basso contenuto calorico e con pochi grassi.

L'olio, il burro, la margarina e i formaggi sono le maggiori fonti di grassi nella nostra dieta. Per questo motivo, bisogna che tu riduca l'uso di tutti questi prodotti. Elimina il burro, non usare più di un cucchiaio di olio per condire l'insalata e non mangiare formaggi più di due volte la settimana.

Per motivi di lavoro mangi spesso al ristorante.

Quando vai al ristorante, è importante che tu ordini sempre piatti che non siano fritti o ad alto contenuto di grassi. Evita anche le salse e i sughi pesanti. Inoltre, è necessario che tu faccia molta attenzione ai dessert. Se puoi, lascia che li mangino gli altri. Per quanto riguarda il vino, non dimenticare che un bicchiere di vino ha 95 calorie. Per dimagrire, è meglio bere solo acqua minerale.

Generalmente mangi bene ma non riesci a dire di no alle caramelle e ai biscottini che ti offrono i colleghi e gli amici.

È bene che controlli la tua frenesia da carboidrati! Non è certamente la fame che ti fa mangiare caramelle e biscottini ma l'ansia. Invece di caramelle e biscottini, mangia un po' di frutta oppure mastica dei chewing gum senza zucchero.

Non fai attenzione a ciò che inghiotti[1], pensi di essere senza speranze e credi che non riuscirai mai a migliorare le tue abitudini alimentari.

È meglio che incominci immediatamente a fare attenzione non solo a ciò che mangi ma anche quando, dove e a che ora lo mangi. Questo ti costringerà a pensare alla tua routine alimentare. Successivamente, scegli una delle tue cattive abitudini e sostituiscila con una buona abitudine. Quando ci sarai riuscita, scegli un'altra cattiva abitudine e cambiala. Incomincerai a perdere peso perché avrai eliminato dalla tua dieta quotidiana molte calorie che non ti erano necessarie. Non è tanto una questione di autodisciplinarsi ma piuttosto di mettere a punto una strategia semplice ma efficace.

1. swallow

15.29 Dopo la lettura. Among the bad eating habits that you have identified in the text above, choose three of them and write two useful pieces of advice which would help solve each problem. Base your answers on the information given in the text.

1. Cattiva abitudine alimentare: _____
Consigli:

a. _____

b. _____

2. Cattiva abitudine alimentare: _____
Consigli:

a. _____

b. _____

3. Cattiva abitudine alimentare: _____
Consigli:

a. _____

b. _____

Scriviamo

15.30 La mia salute. Now write a paragraph of 8–10 lines about your lifestyle and eating habits. Do you lead a healthy lifestyle? Do you keep in shape? If so, how? Also explain what your eating habits are and what is important for you to do in order to make better choices.

I MIEI PROPOSITI ALIMENTARI PER IL FUTURO: ☺

Guardiamo

15.31 Prima di guardare. In this video clip, the characters talk about their health and the environment. Complete the following concepts that they mention with the correct present subjunctive form of the verb in parentheses.

1. Gaia crede che il melone _____ molto fresco. (essere)
2. Fabrizio pensa che oggi molti _____ attenzione alle problematiche sociali. (fare)
3. Tina pensa che il medico _____ a visitarla a casa. (andare)
4. È possibile che Gaia _____ molte insalate. (mangiare)
5. Plinio crede che il cittadino _____ stare attento a non inquinare. (dovere)
6. Per Plinio è importante che tutti _____ il tempo di camminare. (trovare)

15.32 Mentre guardi. As you watch the video segment, indicate if the following statements are **Vero** or **Falso**.

1. Gaia fa danza due o tre volte alla settimana.   Vero   Falso
2. A Gaia piace la cucina elaborata.   Vero   Falso
3. Per Fabrizio l'Italia di venti anni fa era più forte economicamente.   Vero   Falso
4. Fabrizio crede che l'economia industriale stia devastando l'Italia.   Vero   Falso
5. Tina ama mangiare la carne.   Vero   Falso
6. Tina non va spesso dal medico.   Vero   Falso
7. Plinio crede che la società debba prendersi cura del cittadino.   Vero   Falso
8. Plinio vuole evitare una vita troppo sedentaria.   Vero   Falso

15.33 Dopo aver guardato. Now write a paragraph describing your own lifestyle, in comparison with that of one of the characters. What kinds of foods do you eat and activities do you do to keep yourself healthy? Why do you think this is important?

_____
_____
_____
_____
_____
_____

ATTRAVERSO L'ABRUZZO

15.34 L'Abruzzo. Look at the map on p. 495. Then reread the cultural section in your textbook and answer the following questions.

1. Dov'è l'Abruzzo? _____

2. Con quali altre regioni italiane confina questa regione? _____

_____

3. Qual è il capoluogo dell'Abruzzo? _____

4. Come si chiama il mare dell'Abruzzo? _____

5. Come si chiama la catena montuosa dell'Abruzzo? _____

6. Ricordi il nome di due intellettuali importanti nati in Abruzzo? _____

_____

Nome: _____   Data: _____

CAPITOLO 16

Gli italiani di oggi

PERCORSO I
IL GOVERNO ITALIANO E GLI ALTRI PAESI

*V*ocabolario: Com'è il governo italiano? (Textbook pp. 499–503)

16.1 Le caratteristiche di uno Stato democratico. Complete the following words or expressions by filling in the correct vowels on the lines provided. Be careful: the nouns are preceded by their definite articles.

Le elezioni	La democrazia	I diritti dei cittadini
1. _ l_gg_r_	4. _ _ C_st_t_z_ _n_	7. _ _ s_nd_c_t_
2. _ _ v_t_	5. _ _ Pr_s_d_nt_	8. _ _ l_b_rt_ d_ p_r_l_
3. _ _ G_v_rn_	6. _ _ P_r l_m_nt_	

16.2 Lo stato italiano oggi. Complete the following diagram of the Italian government with the missing offices.

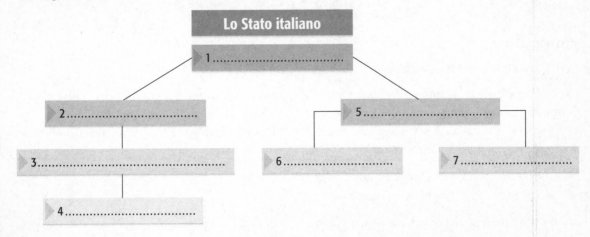

16.3 Il cruciverba. For each description below, write the corresponding word in Italian in the correct space of the puzzle. Then, use the letters that intersect vertically to spell the name of a European nation that borders on Italy, and write it on the line below.

1. Si attraversa per andare da una nazione all'altra
2. È l'insieme dei rappresentanti dei partiti votati dai cittadini
3. Il diritto di esprimere le proprie idee

4. Altro nome per l'Italia
5. Divide una nazione dall'altra
6. Una democrazia
7. Protegge le perone che lavorano

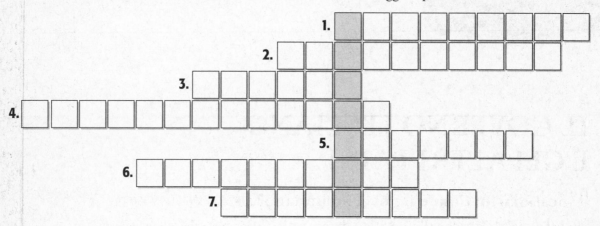

La nazione che confina con l'Italia è _____.

 16.4 L'Unione Europea. Having read about the European Union in your text, listen to the following short description giving more information and decide whether the following statements are **Vero** or **Falso**.

		Vero	Falso
1.	I bambini italiani di oggi sono solo cittadini europei.	Vero	Falso
2.	L'Unione Europea è anche chiamata Comunità Europea.	Vero	Falso
3.	Il sogno di creare l'UE esiste dal 1960.	Vero	Falso
4.	L'Unione Europea non è ancora completa.	Vero	Falso
5.	I cittadini italiani possono lavorare in qualsiasi nazione dell'Unione Europea.	Vero	Falso
6.	L'euro è la moneta comune a tutte le nazioni dell'UE.	Vero	Falso

Grammatica

Il congiuntivo o l'indicativo (Textbook pp. 503–504)

16.5 La Repubblica Italiana. You and a friend are working on an assignment for your Italian class. You must prepare a presentation on the Italian government. Your friend is certain about the characteristics of the Italian government, but you are not. Rewrite each sentence below to reflect your doubts and uncertainties, as in the example.

ESEMPIO: Sono certa/o che l'Italia è una democrazia.
Credo che l'Italia sia una democrazia.

1. So che l'Italia è una repubblica parlamentare.

_____

2. Sono sicura/o che il Presidente della Repubblica Italiana è eletto dal Parlamento.

_____

3. È certo che il Presidente della Repubblica Italiana ha soprattutto funzioni rappresentative.

_____

4. È ovvio che il Parlamento è eletto dai cittadini.

_____

16.6 La politica italiana. Now write four sentences in which you express what you think you know about politics in Italy. Be sure to follow the example.

ESEMPIO: *Credo che il capo della coalizione di destra si chiami Silvio Berlusconi.*

1. _____

2. _____

3. _____

4. _____

Il congiuntivo o l'infinito (Textbook pp. 504–505)

16.7 Giovani impegnati in politica. Giusi, Franco, and Luca are friends with different political views. Match each phrase with the one that best completes the sentence.

1. Giusi è un'idealista e spera. . .
2. Giusi dubita. . .
3. Franco e Luca pensano. . .
4. Franco e Luca non vogliono. . .
5. È certo che Giusi, Franco e Luca. . .
6. È difficile che Giusi, Franco e Luca. . .

a. che Giusi entri nel sindacato.
b. di cambiare il mondo.
c. hanno posizioni politiche diverse.
d. continuino ad essere amici.
e. di non partecipare alla manifestazione organizzata da Giusi.
f. che Franco e Luca partecipino alla manifestazione.

16.8 Congiuntivo o infinito? Listen to the statements and, for each of them, select whether the subjunctive or the infinitive is used.

1. congiuntivo   infinito
2. congiuntivo   infinito
3. congiuntivo   infinito
4. congiuntivo   infinito
5. congiuntivo   infinito
6. congiuntivo   infinito

Il congiuntivo imperfetto (Textbook pp. 505–507)

16.9 Il congiuntivo imperfetto. Conjugate the following verbs in the imperfect subjunctive in the chart below.

	io	tu	lui/lei	noi	voi	loro
1. aiutare						
2. eleggere						
3. finire						
4. essere						
5. avere						
6. fare						
7. dire						

16.10 Congiuntivo presente o imperfetto? Read the statements and, for each of them, decide whether the present subjunctive or the imperfect subjunctive is needed. Then complete the sentences by selecting the correct verb form.

1. Alberto credeva che il nuovo governo (diminuisca / diminuisse) le tasse.
2. Fabio e Silvia credevano che i loro amici (votino / votassero) per la coalizione di sinistra.
3. Non pensavo che tu e Marta vi (interessiate / interessaste) di politica.
4. Penso che il Parlamento italiano si (riunisca / riunisse) quasi tutti i giorni.
5. Non dubito che tu (possa / potessi) diventare un uomo politico importante.
6. Mio padre dubita che io (abbia / avessi) le sue stesse idee politiche.
7. Era necessario che noi (votiamo / votassimo).
8. È possibile che ci (sia / fosse) presto una crisi di governo.

16.11 Prima delle elezioni. Giulio is describing the feelings and experiences he had before the last elections. Complete the paragraph below with the correct imperfect subjunctive form of the verb in parentheses.

Prima delle elezioni politiche della scorsa primavera mi ero informato sui programmi dei partiti e sui loro candidati. Io credevo che (1) _____ (essere) facile decidere per chi votare ma mi sbagliavo. Pensavo che tutti i candidati (2) _____ (preoccuparsi) degli italiani e che loro (3) _____ (volere) veramente risolvere i problemi dell'Italia.

Speravo che discutere con gli amici mi (4) _____ (aiutare) a capire le intenzioni dei vari partiti, sia di sinistra che di destra, ma non è stato così. Pieno di speranze (*hopes*), avevo incominciato a domandare ai miei amici quale partito (5) _____ (avere) intenzione di votare. Dubitavo che i miei amici (6) _____ (interessarsi) molto di politica ma non credevo che (7) _____ (essere) completamente disinteressati. Io ero convinto che noi giovani (8) _____ (dovere) partecipare alla vita politica del nostro paese e non credevo che i miei coetanei (*peers*) (9) _____ (considerare) la politica una cosa noiosa.

PERCORSO II
I NUOVI ITALIANI

*V*ocabolario: Chi vive in Italia? (Textbook pp. 509–512)

16.12 L'intruso. Select the word or expression that does not belong in each group.

1. discriminare	accettare	avere la mentalità aperta
2. la straniera	l'immigrata	la classe sociale
3. illegale	legale	industrializzato
4. la tolleranza	il pregiudizio	lo stereotipo
5. la differenza culturale	l'immigrazione	la classe sociale
6. il pregiudizio	il visto	la mentalità chiusa

16.13 La convivenza nella società multiculturale. Based on the chapter vocabulary, think of four attitudes that facilitate living together peacefully in a multicultural society and four attitudes that make it difficult. Write them on the lines provided.

Aiuta la convivenza

1. _____
2. _____
3. _____
4. _____

Non aiuta la convivenza

1. _____
2. _____
3. _____
4. _____

16.14 I problemi dell'immigrazione. You will hear six statements about the issue of immigration. Listen to them and decide whether each statement is **Vero** or **Falso**.

1. Vero Falso
2. Vero Falso
3. Vero Falso
4. Vero Falso
5. Vero Falso
6. Vero Falso

Grammatica

Il congiuntivo imperfetto (II) (Textbook pp. 512–513)

16.15 Desideri di un'immigrata. Below are some things that Sanije, a young Albanian immigrant, would like to happen. Match each phrase with the one that best completes the sentence.

1. Vorrei che gli italiani. . .
2. Vorrei che le mie figlie. . .
3. Vorrei che la vita. . .
4. Mi piacerebbe che anche i miei genitori. . .
5. A mio marito piacerebbe che io. . .
6. Vorrei che l'Albania. . .

a. fosse meno cara in Italia.
b. lavorassi di meno.
c. venissero in Italia.
d. dessero più facilmente lavoro agli immigrati albanesi.
e. entrasse nell'Unione Europea.
f. studiassero e trovassero un buon lavoro.

16.16 Metti in ordine le frasi. Unscramble the sentences and conjugate the verbs in the present conditional or imperfect subjunctive to reveal the hopes and desires of some students. Be sure to follow the example.

ESEMPIO: io / volere / essere / tu / che / meno intollerante
Io vorrei che tu fossi meno intollerante.

1. che / esistere / piacere / il pregiudizio / mi /non

_____

2. volere / il governo / dei problemi dell' immigrazione / noi / che / seriamente / occuparsi (*deal with*)

_____

3. ci / che / gli immigrati / tutti / un lavoro / trovare / piacere

_____

4. gli immigrati / che / accettati / essere / volere / noi

_____

Frasi con il *se* (Textbook pp. 513–515)

16.17 Ancora sull'immigrazione. Complete each sentence logically with the imperfect subjunctive of the verb given.

1. Io voterei per il candidato dei Verdi se lui _____ (occuparsi) di più dei problemi dell'immigrazione.
2. La convivenza sarebbe migliore se tutti _____ (essere) più tolleranti.
3. Tu non potresti lavorare in Italia se non _____ (avere) un permesso di soggiorno.
4. Jorge e Maria comprerebbero una casa se _____ (guadagnare) di più.

16.18 All'ufficio immigrazione. You will hear four short dialogues that take place at the immigration office. Listen to each of them, and then complete the following sentences with an *if*-clause.

1. Se Maria _____, potrebbe fare un corso d'italiano per stranieri.
2. Se Olzaina e Luan _____, potrebbero rinnovare il permesso di soggiorno.
3. Se Cecilia e Jesus _____, potrebbero andare in Perù l'estate prossima.
4. Se Sanije _____, potrebbe andare a trovare sua sorella a Detroit.

PERCORSO III
LA PRESENZA ITALIANA NEL MONDO

Vocabolario: Da dove vieni? Dove vai? (Textbook pp. 517–520)

16.19 Una vita da emigrante. Complete the sentences by filling in the blanks with the appropriate word or expression.

> pregiudizi   perseverare   abbandonare   radici
> fare fortuna   discriminazione   nostalgia
> coraggio   patria   emigranti   difficoltà economiche

Una volta gli italiani emigravano a causa delle (1) _____ e speravano di (2) _____ in un paese straniero. Oggi quasi tutti gli italiani che lasciano il proprio paese sono (3) _____ intellettuali. Qualunque sia il motivo, ci vuole molto (4) _____ per (5) _____ la propria (6) _____ e le proprie (7) _____. La (8) _____ è un sentimento che non abbandona mai gli emigranti, né quelli di ieri né quelli di oggi. Bisogna fare molti sacrifici e (9) _____ per cambiare radicalmente la propria vita. Inoltre, le (10) _____ e i (11) _____ rendono spesso difficile l'inserimento degli emigranti nella nuova realtà sociale.

16.20 Nei panni di un emigrante. Imagine that you are an emigrant and answer the following questions in complete sentences.

1. Quali sono i motivi per cui una persona emigra dal suo paese d'origine?

   _____

2. Tu emigreresti? In quale paese andresti? Perché?

   _____

3. Quali sentimenti proveresti se dovessi emigrare?

   _____

4. Che cosa ti mancherebbe di più del tuo paese?

   _____

16.21 Maria racconta. . . Listen to Maria's story, and then answer the following questions in complete sentences.

1. Da dove viene Maria?

   _____

2. Quanti anni aveva quando ha abbandonato l'Italia?

   _____

3. Come sono stati i suoi primi anni passati negli Stati Uniti?

   _____

4. Durante i primi anni negli Stati Uniti, Maria ha mai pensato di ritornare in patria? Perché?

   _____

5. Chi le ha fatto cambiare vita? Perché?

   _____

6. Da quanti anni Maria vive negli Stati Uniti?

   _____

Grammatica

Il congiuntivo: l'uso dei tempi (Textbook pp. 520–522)

16.22 Commenti sull'emigrazione. Complete the following sentences by selecting the correct form of the subjunctive: present, past, or imperfect, in each.

1. Penso che le tradizioni italiane (siano / siano state / fossero) ancora importanti per gli emigrati.

2. Non credo che oggi gli emigrati di seconda o terza generazione (parlino / abbiano parlato / parlassero) il dialetto dei loro nonni.

3. Non sapevo che ci (siano / siano stati / fossero) più amalfitani a New York che ad Amalfi.

4. Penso che il governo non permetterà che la fuga dei cervelli (diventi / sia diventata / diventasse) un problema per la ricerca scientifica italiana.

5. Sono contenta che i miei nonni (tornino / siano tornati / tornassero) in Italia dopo la fine della guerra.

6. Mi piacerebbe che le mie cugine di Chicago (vengano / siano venute / venissero) a trovarmi a Torino!

16.23 I ricordi di un emigrante. An elderly man recalls how and why he left his village in the northeast of Italy and emigrated to the U.S. Complete the following sentences with the correct form of the subjunctive: present, past, or imperfect.

Sono nato in un paesino del Veneto, non lontano da Verona. La mia famiglia era una famiglia di contadini e i tempi erano duri. Quando ero piccolo mi vergognavo che la mia famiglia (1) _____ (essere) povera. Speravo che mio padre (2) _____ (diventare) ricco improvvisamente (*suddenly*) e (3) _____ (comprare) una casa in una grande città.

   Un giorno, quando avevo quindici anni, mio padre mi disse «Vorrei che tu (4) _____ (andare) in America. Lo zio Giuseppe ti aiuterà a trovare un buon lavoro.» Così ho abbandonato il mio paese e la mia famiglia e sono emigrato. Credevo che in America le persone (5) _____ (essere) tristi e antipatiche. Invece ho trovato persone molto gentili che mi hanno aiutato. Immaginavo che gli americani non (6) _____ (divertirsi) mai e (7) _____ (lavorare) sempre. Invece ho incontrato persone simpatiche e allegre.

   Adesso sono contento che mio padre mi (8) _____ (mandare) in America a lavorare. Credo che lui (9) _____ (fare) la cosa giusta. Non so se si (10) _____ (vivere) meglio in Italia

o in America. Penso che ci (11) _____ (essere) cose positive in entrambi (*both*) i paesi e che
(12) _____ (essere) importante apprezzare (*appreciate*) gli aspetti positivi sia dell'Italia che
dell'America.

   Come mi piacerebbe che i miei figli (13) _____ (vedere) l'Italia e (14) _____
(visitare) il paesino del Veneto dove sono nato!

Il passato remoto (Textbook pp. 522–524)

16.24 Che cosa fecero? Next to each of the following forms of the **passato remoto**, write both
the appropriate personal pronoun and the infinitive form of the verb.

	Chi?	Infinito
1. partimmo	_____	_____
2. emigrai	_____	_____
3. abbandonarono	_____	_____
4. nacque	_____	_____
5. scrivesti	_____	_____
6. veniste	_____	_____
7. lesse	_____	_____
8. dissi	_____	_____

16.25 Prime esperienze in un paese straniero. Rewrite each of the following sentences, using
the **passato prossimo** instead of the **passato remoto**.

   1. All'inizio voi affrontaste molte difficoltà economiche.

   _____.

   2. Tu fosti molto fortunato ad incontrare persone che ti aiutarono.

   _____.

   3. La mia famiglia non abbandonò mai le tradizioni italiane.

   _____.

   4. Voi voleste partire per trovare un lavoro migliore.

   _____.

   5. Io venni negli Stati Uniti nel 1950.

   _____.

   6. Giuseppe ed Antonio scrissero una lettera al padre dicendogli di non preoccuparsi.

   _____.

16.26 Passato remoto o passato prossimo? Listen to the following statements and decide
whether the **passato remoto** or the **passato prossimo** is used.

   1. passato remoto   passato prossimo

   2. passato remoto   passato prossimo

   3. passato remoto   passato prossimo

   4. passato remoto   passato prossimo

   5. passato remoto   passato prossimo

   6. passato remoto   passato prossimo

ANDIAMO AVANTI!

Leggiamo

16.27 Prima di leggere. Read the following facts about scientific research in Italy and answer the questions below.

I fatti:

- La legge sulla ricerca del 21 gennaio 2001 stabilisce che il governo italiano paghi il 95% dello stipendio degli scienziati italiani sparsi per il mondo che accettano di tornare a lavorare in Italia.

- Nel sistema universitario italiano i professori ordinari (*full professors*) con meno di 35 anni sono 9 su 18.651 e quasi tutti i direttori (*chairs*) dei dipartimenti del CNR (Consiglio Nazionale delle Ricerche)* hanno più di 63 anni.

---

1. Che immagine emerge dell'università italiana?

_____

_____

2. Secondo te, quali sono le principali differenze tra il sistema universitario italiano e quello americano?

_____

_____

16.28 Mentre leggi. As you read the article below, underline the words or expressions that you already know.

■ Il ritorno di un cervello mai fuggito

In Italia, il problema della fuga dei cervelli[1] non è un tema nuovissimo. Basti pensare, in tempi meno recenti, a uomini come Filippo Mazzei (amico di Thomas Jefferson e ispiratore di un pezzo della dichiarazione d'indipendenza americana), Lorenzo Da Ponte (il librettista di Mozart) o Enrico Fermi (padre dell'energia atomica). O in anni più vicini, l'inventore del micro-chip Federico Faggin o il direttore delle ricerche del Sloan Kettering di New York Pier Paolo Pandolfi. Una fuga collettiva non solo malinconica per chi se ne va, ma dannosa[2] sia per l'immagine che per l'economia del paese. Un'esagerazione? Forse. Ma è per risolvere questo problema che, nel gennaio del 2001, era nata l'idea di una legge che regolasse il «rientro dei cervelli».

Proprio grazie a questa legge, un mese fa un'università italiana ha assunto[3] Guido Brambilla come professore di geografia economica. L'età del «giovane» neoassunto[4] è interessante: sessant'anni. Ancora più interessante, però, è il nome della prestigiosa università alla quale l'Italia lo ha strappato[5]. Stanford? Princeton? Yale? Berkeley? No. È l'Università Zokhiomj di Ulaanbaatar, in Mongolia. Se la cerchiamo su Internet, non la troviamo ma il professor Guido Brambilla ha dichiarato ai giornalisti: «Esiste, esiste. Vi assicuro che c'è. In passato ci andavo per almeno un mese all'anno. Ora non ci vado più». È indubbio che il professor Brambilla conosca bene il paese di Genghis Khan. Ha scritto una guida turistica, una raccolta di poesie, una di fiabe e anche un manuale di economia mongola. Nonostante ciò[6], la domanda che molti italiani si fanno è: serve a questo la legge sul rientro dei cervelli? Serve per riportare in Italia un anziano signore che, tranne brevi viaggi in Mongolia insieme alla moglie, ha sempre vissuto in Italia? ■

1. brain drain   2. harmful   3. hired   4. rookie   5. snatched   6. Despite all this

*The CNR is the Italian equivalent of the NSF (National Science Foundation).

16.29 Dopo la lettura (I). Decide whether the following statements are **Vero** or **Falso**.

1. In Italia, la fuga dei cervelli è un problema recente.   Vero   Falso
2. La legge sul rientro dei cervelli regola il ritorno degli emigrati italiani nel mondo.   Vero   Falso
3. Guido Brambilla ha meno di 35 anni.   Vero   Falso
4. A Guido Brambilla piace molto la Mongolia.   Vero   Falso
5. Guido Brambilla non ha mai scritto niente sulla Mongolia.   Vero   Falso
6. Il titolo dell'articolo «Il ritorno di un cervello mai fuggito» suggerisce come la legge sul rientro dei cervelli non dia sempre i risultati voluti.   Vero   Falso

16.30 Dopo la lettura (II). Now correct the false statements from the previous activity with examples from the text. Write them on the lines provided.

1. In Italia, la fuga dei cervelli è un problema recente.

_____.

2. La legge sul rientro dei cervelli regola il ritorno degli emigrati italiani nel mondo.

_____.

3. Guido Brambilla ha meno di 35 anni.

_____.

4. A Guido Brambilla piace molto la Mongolia.

_____.

5. Guido Brambilla non ha mai scritto niente sulla Mongolia.

_____.

6. Il titolo dell'articolo «Il ritorno di un cervello mai fuggito» suggerisce come la legge sul rientro dei cervelli non dia sempre i risultati voluti.

_____.

Scriviamo

16.31 Intervista. Interview an Italian-American person you know and ask him/her the following questions. Then, write a paragraph based on the answers you receive and describe your interviewee's experiences and feelings as far as his/her Italian origins are concerned.

1. Da quale paese o regione italiana viene la tua famiglia?

_____.

2. Il primo tuo parente che è immigrato negli Stati Uniti, è arrivato da solo o con altri parenti?

_____.

3. Se è arrivato con altri parenti, chi erano?

_____.

4. Dove è andato negli Stati Uniti e che cosa ha fatto?

_____.

5. Quali sono le tradizioni italiane che tu e la tua famiglia rispettate ancora?

_____.

6. Qual è una ricetta italiana che ancora si cucina nella tua famiglia?

_____.

7. Pensi che l'Italia contemporanea sia diversa dal paese che i tuoi parenti avevano lasciato? Perché?

_____.

Nome: _____   Data: _____

Guardiamo

16.32 Prima di guardare. In this video segment, you will meet again with some of the characters with whom you have become acquainted. Like most Italians, they are very interested in politics and contemporary issues. Before watching the video, familiarize yourself with the terminology they might use. Then match each Italian word with its English equivalent.

1. sistema politico
2. cittadino
3. tradizioni
4. immigrazione
5. società
6. fortuna
7. governo
8. elezioni

a. traditions
b. society
c. luck
d. government
e. political system
f. elections
g. immigration
h. citizen

16.33 Mentre guardi. As the different characters talk about their lives, choose the letter of the phrase that best completes each statement.

1. Vittorio pensa che il sistema politico italiano
   a. abbia pochissima rappresentanza.
   b. sia giusto per l'Italia.
   c. non sia equilibrato.

2. Dejan pensa che l'integrazione totale delle razze
   a. non sarà mai possibile.
   b. sia possibile nel futuro.
   c. sarà presto possibile.

3. Ilaria
   a. non ha mai votato.
   b. vota per la democrazia.
   c. ha sempre votato.

4. Fabrizio crede che
   a. dobbiamo essere comprensivi con gli immigrati.
   b. gli immigrati non debbano votare.
   c. non ci siano immigrati.

16.34 Dopo aver guardato. Look at the pictures of these characters and list at least three attitudes that they mention with regard to the social or political situation.

1. _____

_____

_____

_____

2. _____
_____
_____
_____

3. _____
_____
_____
_____

4. _____
_____
_____
_____

ATTRAVERSO IL MOLISE E LA BASILICATA

16.35 Il Molise e la Basilicata. Look at the map on page 535. Reread the cultural section in **Capitolo 16** of your textbook and answer the following questions.

1. Dove sono il Molise e la Basilicata?

_____

2. Quali sono le regioni italiane che confinano con il Molise?

_____

3. Quali sono le regioni italiane che confinano con la Basilicata?

_____

4. Qual è il mare del Molise?

_____

5. Qual è il mare della Basilicata?

_____

6. Qual'è la città più importante del Molise? E della Basilicata?

_____

7. Quali sono due attrazioni turistiche da visitare in Basilicata? Che cosa sono?

_____

8. Qual è la principale caratteristica del Molise?

_____

Nome: _____   Data: _____

Grammatical Expansion: *Ancora un po'*

- **Altri usi di** *ci* e *ne*
- **Altri pronomi relativi**
- **Il futuro anteriore**
- **Il gerundio**
- **Il condizionale passato**
- **Il congiuntivo trapassato**

- **Il congiuntivo con le congiunzioni**
- **Frasi ipotetiche al passato**
- **Il congiuntivo dopo il superlativo relativo**
- *Fare + infinito*
- **La forma passiva**

Altri usi di *ci* e *ne*

As you learned in **Capitolo 6, ci** can be used to replace nouns and phrases referring to places, and **ne** can replace a direct object preceded by a quantity. **Ci** and **ne** are always placed directly in front of conjugated verbs.

—Vai spesso **al cinema**? —*Do you go to the movies often?*

—No, non **ci** vado mai. —*No, I never go (there).*

—Cosa metti **nel vaso**? —*What are you going to put in the vase?*

—**Ci** metto delle belle rose gialle. —*I'm going to put some yellow roses (in it).*

—Quante **rose** metti nel vaso? —*How many roses are you going to put in the vase?*

—**Ne** metto **sei**. —*I'm going to put six (of them).*

1. **Ci** can also be used to replace **a** + an infinitive phrase after verbs such as **andare** and **venire**.

   —Quando vai **a giocare a tennis**? —*When are you going to play tennis?*

   —**Ci** vado sabato. —*I'm going on Saturday.*

   —Venite con noi **a ballare**? —*Are you coming dancing with us?*

   —Sì, **ci** veniamo volentieri. —*Yes, we would love to come.*

2. **Ci** can also replace a prepositional phrase introduced by **a** after the verbs **credere a** and **pensare a**.

   —Credi **ai racconti** del ragazzo? —*Do you believe the boy's stories?*

   —Certo, **ci** credo veramente. —*Sure, I really believe in them.*

   —Pensate molto **al passato**? —*Do you think a lot about your past?*

   —No, non **ci** pensiamo affatto. —*No, we don't think about it at all.*

3. **Ne** can also replace a prepositional phrase introduced by **di** and **da**.

   —Abbiamo paura **dello smog**. —*We are afraid of smog.*

   —**Ne** avete paura per la salute? —*Are you afraid (of it) for your health?*

   —Il professore ha parlato **di Michelangelo**? —*Did the professor talk about Michelangelo?*

—Si, **ne** ha parlato ieri.   —*Yes, he spoke of him yesterday.*

—Quando sei uscita **da scuola**?   —*When did you get out of school?*

—**Ne** sono uscita alle due.   —*I came out (of there) at two o'clock.*

In compound tenses, when **ne** replaces a prepositional phrase, the past participle does not agree with the noun replaced.

—Hanno discusso **della pittura** del Rinascimento?   —*Did they discuss Renaissance painting?*

—Si, **ne** hanno parlat**o** a lungo.   —*Yes, they discussed it quite a bit.*

GE-1 La vita in piazza. Un amico ti chiede cosa fate tu e i tuoi amici quando vi ritrovate in piazza. Rispondi alle domande e sostituisci i nomi in corsivo con **ci** o **ne**.

> ESEMPIO: —Parlate *di calcio?*
>   —Certo, **ne** parliamo spesso. *o* No, non **ne** parliamo mai.

1. Andate tutte le sere *nella stessa piazza?*
2. I giovani pensano *alla scuola* quando sono insieme?
3. Discutete *di politica?*
4. Restate *in piazza* fino a tardi?
5. A che ora tornate *a casa?*
6. Parlate *di canzoni* americane qualche volta?
7. Andate *in pizzeria* qualche volta?
8. Entrate *in un bar* quando piove?

Altri pronomi relativi

In **Capitolo 10**, you studied the relative pronouns **che** and **cui**. Below are some other common relative pronouns.

chi   *the person(s) who, he/she/those who*
quello / ciò che   *what, whatever, that which*

Chi viaggia molto ha una mentalità aperta.   *Those who travel a lot have an open mind.*
Non capite **quello che** dico.   *You don't understand what I say.*

1. **Chi** always refers to people and is often used in proverbs. The verb that follows **chi** is always singular.

   Ascolto **chi** mi capisce.   *I listen to those who understand me.*

   Voglio dare aiuto **a chi** ne ha bisogno. *I want to give help to those who need it.*

   Chi dorme non piglia pesci.   *The early bird catches the worm. (Literally: He who sleeps, doesn't catch fish.)*

2. **Quello/Ciò che** refers only to things.

   Sai **quello che** è successo a Marta? *Do you know what happened to Marta?*

   Non capisco **ciò che** vuoi dire.   *I don't understand what you mean.*

   Ordina **quello che** vuoi: pago io!   *Order what (whatever) you want: I'm paying!*

GE-2 **Le vacanze.** Sei appena tornato/a dalle vacanze e racconti quello che hai fatto. Completa le frasi scegliendo il pronome relativo corretto.

ESEMPIO: Ecco le fotografie _____ (di cui / chi / che) ho fatto al mare.
Ecco le fotografie *che* ho fatto al mare.

1. Ho fatto tutto _____ (quello che / cui / che) ho voluto!

2. Non capisco _____ (che / cui / chi) non si diverte al mare!

3. Ecco la barca _____ (cui / chi / che) abbiamo affittato.

4. Ecco la spiaggia in _____ (che / quello / cui) ho passato tutti i pomeriggi.

5. Questa è la ragazza con _____ (che / cui / chi) sono uscito spesso.

6. Gli amici _____ (quello/ che / chi) ho conosciuto in vacanza sono simpaticissimi.

7. Ho fatto _____ (chi / quello che / cui) mi avevano consigliato tutti.

8. _____ (Cui / Che / Chi) ama il mare come me, dovrebbe avere vacanze più lunghe.

Il futuro anteriore

1. The future perfect (*I will have seen, I will have gone*), il **futuro anteriore**, expresses an action that will have taken place by a specific time in the future, or an action that will take place before another action in the future. It is frequently used after **appena** (*as soon as*) **dopo che** (*after*), **quando** (*when*), and **se** (*if*).

   Alle nove **avrò finito** di studiare.   *At nine o'clock I will have finished studying.*
   Sabato **saranno già tornati** a casa.   *Saturday they will have already returned home.*
   Andrò al cinema **dopo che avrò finito**   *I will go to the movies after I have finished*
   di studiare.   *studying.*

2. The future perfect is also used to indicate probability in the past or speculation about an action that might have taken place.

   Oggi Anna non è venuta a lavoro.   *Today Anna didn't come to work.*
     Dove **sarà andata**?   *Where could she have gone?*
   —Dov'è Carlo?   *—Where is Carlo?*
   — **Sarà partito**.   *—He probably left.*
   Chissà come **avrà fatto** a trovare quel posto!   *Who knows how he managed to find that position!*

3. The future perfect is formed with the future of **avere** or **essere** + the past participle of the verb. As in the **passato prossimo**, transitive verbs are conjugated with **avere**; intransitive, reflexive, and reciprocal verbs are conjugated with **essere**. When the verb is conjugated with **essere**, the past participle agrees in gender and number with the subject. When the verb is conjugated with **avere**, it agrees with the direct object pronoun.

	incontrare	**uscire**	**divertirsi**
io	avrò incontrat**o**	sarò uscit**o/a**	mi sarò divertit**o/a**
tu	avrai incontrat**o**	sarai uscit**o/a**	ti sarai divertit**o/a**
lui/lei	avrà incontrat**o**	sarà uscit**o/a**	si sarà divertit**o/a**
noi	avremo incontrat**o**	saremo uscit**i/e**	ci saremo divertit**i/e**
voi	avrete incontrat**o**	sarete uscit**i/e**	vi sarete divertit**i/e**
loro	avranno incontrat**o**	saranno uscit**i/e**	si saranno divertit**i/e**

GE-3 Quando lo faranno? Completa le frasi con il futuro anteriore dei verbi.

1. Prima dell'estate, (noi) _____ (finire) tutti gli esami!

2. Ti telefoneremo quando (noi) _____ (arrivare) al mare.

3. Giulio e Marina si sposeranno prima di Natale, certamente dopo che _____ (trovare) lavoro tutti e due.

4. Ti risponderò appena (io) _____ (ricevere) la tua lettera.

5. Quando comprerai una macchina nuova? Dopo che (tu) _____ (trovare) un buon posto?

6. Appena _____ (laurearsi), cercheranno un posto di lavoro.

7. Prima della fine di ottobre, (io) _____ (fare) già diverse domande di lavoro.

8. Ci prepareremo solo dopo che Carla _____ (venire) a prenderci.

GE-4 Cosa avranno fatto? Hai organizzato una festa a casa tua e diversi amici non sono ancora arrivati. Ti domandi cosa avranno fatto. Completa le frasi con la forma corretta del futuro anteriore.

1. Chissà dove _____ (andare) Giulia e Marisa! _____ (sbagliare) strada?

2. Maria _____ (fare) tardi per comprare il gelato!

3. Lorenzo _____ (uscire) per andare a prendere la sua ragazza!

4. Giulia _____ (decidere) di venire a piedi.

5. Marco e Carla _____ (prendere) l'autobus sbagliato.

6. Forse io non gli _____ (dire) l'ora esatta!

7. Chissà se tu gli _____ (dare) l'indirizzo giusto!

8. _____ (perdersi) tutti per strada?

Il gerundio

The gerund, **il gerundio**, is equivalent to the English -*ing* form of the verb (*seeing, going, working*). The gerund is formed by adding **-ando** to the infinitive stem of **-are** verbs and **-endo** to the infinitive stem of **-ere** and **-ire** verbs.

Passano molto tempo **ascoltando** musica.   *They spend a lot of time listening to music.*

Dormendo poco non ti riposi mai.   *By sleeping little, you never rest.*

Il gerundio

parl**are**	scriv**ere**	apr**ire**
parl**ando**	scriv**endo**	apr**endo**

The verbs **fare, dire**, and **bere** have irregular gerunds based on an archaic form of the infinitive.

fare (**facere**)	dire (**dicere**)	bere (**bevere**)
fa**cendo**	di**cendo**	be**vendo**

1. The gerund has many different English equivalents.

   Dicendo ciò hai offeso gli amici.   *Saying this, you offended your friends.*

   Facendo i compiti penso agli esami.   *While I'm doing my homework, I think of my exams.*

   Bevendo solo acqua non vi sentirete male.   *By drinking only water, you won't feel sick.*

2. As you learned in **Capitolo 11, stare** + *gerund* can be used to indicate an action in progress.

—Che state **facendo**?   —*What are you doing?*

—Stiamo **riposando**.   —*We are resting.*

3. Unlike in English, the gerund cannot be used as the subject or the direct object of a sentence. In these cases, the infinitive is used.

   Fumare fa male alla salute.   *Smoking is bad for one's health.*

   Preferite **parlare** italiano o inglese?   *Do you prefer speaking Italian or English?*

GE-5 Quante cose contemporaneamente! Riscrivi le frasi usando il gerundio e spiega cosa fanno le seguenti persone. Fa' tutti i cambiamenti necessari.

ESEMPIO: Leggevo *mentre cucinavo.*
          Leggevo cucinando.

1. *Mentre guidavo* verso l'aeroporto, ho fatto alcune telefonate.

2. Acoltava musica *mentre studiava.*

3. *Mentre ballava* con Giulia, si ricordava di Monica.

4. *Quando parli* al telefono fai sempre dei disegni.

5. *Mentre guidate,* qualche volta leggete il giornale!

6. Carlo e Maria lavorano sempre, anche *quando viaggiano* in aereo.

GE-6 Che fate? Un amico malato ti telefona e vuole sapere cosa tu e i tuoi amici fate a casa tua questo pomeriggio. Completa le frasi con il gerundio o l'infinito dei verbi.

1. Allora, che state _____ (fare)?

2. Io sto _____ (suonare) la chitarra e Marcello sta _____ (cantare). E tu? Non stai _____ (parlare) troppo, se hai mal di gola?

3. Si, ma mi sto _____ (annoiare). Preferirei _____ (leggere) o _____ (guardare) la TV, ma mi fanno male gli occhi. Vi sto _____ (telefonare) dal letto.

4. Forse _____ (bere) molto succo d'arancia potresti stare meglio.

5. E voi, cosa volete _____ (bere) e _____ (mangiare) questo pomeriggio?

6. Con la pizza preferiamo _____ (bere) la Coca-Cola.

7. C'è qualcuno che sta _____ (ballare)?

8. Certo, anche _____ (parlare) con te continuiamo a ballare!

Il condizionale passato

The past conditional (*I would have bought, I would have eaten*) expresses past wishes, intentions, and possibilities that can no longer be realized.

Avrei preferito studiare musica.   *I would have preferred to study music.*

1. The past conditional is formed with the present conditional of **avere** or **essere** + *the past participle* of the verb. As in the **passato prossimo.** transitive verbs are conjugated with **avere**; intransitive, reflexive, and reciprocal verbs are conjugated with **essere**. When the verb is

conjugated with **essere** the past participle agrees in gender and number with the subject. When the verb is conjugated with **avere** it agrees with the direct-object pronoun if one is used.

—**Hai mangiato** il gelato?   —*Did you eat the ice cream?*

—No, ma lo **avrei mangiato** volentieri.   —*No, but I would have liked to eat it!.*

Avrei giocato a calcio tutto il pomeriggio.   *I would have played soccer the whole afternoon.*

Sarebbero venuti anche a piedi.   *They would have even come by foot.*

	pagare	**partire**	**alzarsi**
io	avrei pagat**o**	sarei partit**o/a**	mi sarei alzat**o/a**
tu	avresti pagat**o**	saresti partit**o/a**	ti saresti alzat**o/a**
lui/lei	avrebbe pagat**o**	sarebbe partit**o/a**	si sarebbe alzat**o/a**
noi	avremmo pagat**o**	saremmo partit**i/e**	ci saremmo alzat**i/e**
voi	avreste pagat**o**	sareste partit**i/e**	vi sareste alzat**i/e**
loro	avrebbero pagat**o**	sarebbero partit**i/e**	si sarebbero alzat**i/e**

2. The past conditional is also used to express a future action from a past point of view. English, by contrast, uses the present conditional in such cases.

Sapevo che **sarebbe venuto** a trovarmi   *I knew he would come*
   il giorno dopo.   *to visit me the next day.*

Mi ha scritto che **sarebbe partito** presto.   *He wrote me that he would leave soon.*

Hanno detto che **avrebbero portato** i CD.   *They said that they would bring the CDs.*

Gli abbiamo telefonato che   *We called him that we would arrive late.*
   saremmo arrivati tardi.

3. The past conditional of **potere** expresses the English *could (might) have* + *past participle.*

Non **avrei potuto** mangiare più niente.   *I could not have eaten anything else.*

Sareste potuti arrivare in tempo!   *You could have arrived on time!*

4. The past conditional of **dovere** expresses the English *should have (ought to)* + *past participle.*

Avresti dovuto studiare prima degli esami.   *You should have studied before your exams.*

Si sarebbe dovuto vestire meglio per la festa.   *He should have dressed better for the party.*

GE-7 È troppo tardi. Spiega cosa le seguenti persone avrebbero fatto in passato ma non hanno fatto. Completa le frasi con il condizionale passato dei verbi.

1. Mario _____ (studiare) di più al liceo.

2. Io _____ (prendere) lezioni di piano.

3. Tu _____ (giocare) a calcio.

4. Io e mia sorella _____ (imparare) a sciare.

5. Voi _____ (preferire) una danza moderna.

6. I miei amici _____ (andare) ad un'altra università.

7. Carla _____ (restare) nella nostra città.

8. Noi _____ (ascoltare) i suoi consigli.

GE-8 Le cose che non abbiamo fatto. Il weekend è finito e nessuno ha fatto le cose che avrebbe dovuto fare. Completa le frasi con il condizionale passato dei verbi **dovere, potere** e **volere**.

1. Giuseppe _____ (dovere) portare la spazzatura fuori.
2. Tu _____ (potere) pulire la casa.
3. Io _____ (volere) andare al cinema.
4. Tu e Gianna _____ (dovere) fare un po' di ginnastica.
5. Luisa e Marco _____ (potere) prepararsi per il nuovo lavoro.
6. Noi _____ (volere) vedere alcuni amici.

GE-9 Le promesse. La tua migliore amica è andata a studiare in Italia. Prima di partire ha fatto molte promesse. Riscrivi le frasi e spiega cosa ha promesso. Usa il condizionale passato.

ESEMPIO: Scriverò ogni giorno.
           Ha promesso che avrebbe scritto *ogni giorno.*

1. Spenderò poco.
2. Studierò molto.
3. Tornerò a casa prima di Pasqua.
4. Cercherò un lavoro.
5. Telefonerò una volta alla settimana.
6. Mi addormenterò sempre presto.
7. Parlerò solo italiano.
8. Non andrò sempre in macchina.

Il congiuntivo trapassato

The pluperfect subjunctive, **il congiuntivo trapassato**, is formed with the imperfect subjunctive of **avere** or **essere** + *the past participle* of the verb. As in the **passato prossimo**, transitive verbs are conjugated with **avere**; intransitive, reflexive, and reciprocal verbs are conjugated with **essere**. When the verb is conjugated with **essere** the past participle agrees in gender and number with the subject. When the verb is conjugated with **avere** it agrees with the direct-object pronoun if one is used.

Pensavo che **fossero arrivati** prima di noi.   *I thought they arrived before us.*
Credeva che io **avessi già visto** quel film.   *He thought I had already seen that movie.*

	lavorare	venire	vestirsi
che io	avessi lavorato	fossi venuto/**a**	mi fossi vestito/**a**
che tu	avessi lavorato	fossi venuto/**a**	ti fossi vestito/**a**
che lui/lei	avesse lavorato	fosse venuto/**a**	si fosse vestito/**a**
che noi	avessimo lavorato	fossimo venuti/**e**	ci fossimo vestiti/**e**
che voi	aveste lavorato	foste venuti/**e**	vi foste vestiti/**e**
che loro	avessero lavorato	fossero venuti/**e**	si fossero vestiti/**e**

1. The pluperfect subjunctive is used when the verb in the main clause is in a past tense and requires the subjunctive. It expresses an action that took place before that of the main clause.

Sperava che noi **fossimo già arrivati**.   *He was hoping we had already arrived.*

Ho creduto che voi **aveste**
  prenotato il ristorante.   *I thought you had made a reservation
    at the restaurant.*

Era impossibile che **avessero capito** tutto.   *It was impossible they had understood everything.*

Avevo paura che **fossero partiti** senza
  il passaporto.   *I was afraid they had left without
    their passport.*

2. The pluperfect subjunctive is also used when the verb in the main clause is in the conditional and the action of the dependent clause took place before the action of the main clause.

Vorrei che tu non **avessi creduto** alla sua storia.   *I wish you had not believed his story.*

Avrei preferito che tu non **fossi andato**.   *I would have preferred that you had not gone.*

GE-10 Non lo sapevo che... Cambia le seguenti affermazioni dalla certezza al dubbio. Riscrivi le frasi usando un verbo che richiede il congiuntivo e fa' tutti i cambiamenti necessari.

ESEMPIO: Sapevo che era partito.
              Non credevo che fosse partito.

1. Ha detto che loro non erano partiti.
2. Era vero che non si erano svegliati tardi.
3. Era chiaro che aveva mangiato troppo.
4. Ho saputo che eri andata al cinema.
5. Diceva che eravate tornati tardi.
6. Era evidente che non avevo capito.
7. Era ovvio che non avevamo dormito abbastanza.
8. Sapevo che avevi fatto un viaggio.

GE-11 I dubbi. Usa le espressioni in parentesi e rispondi alle domande con il congiuntivo passato. Poi cambia la frase al passato facendo tutti i cambiamenti necessari.

ESEMPIO: È nato a Genova? (Credo)
              Credo che sia nato a Genova.
              Credevo che fosse nato a Genova.

1. È arrivato molto tardi? (È impossibile)
2. Sono partiti senza di lui? (Marco ha paura)
3. Anna è andata in crociera? (È strano)
4. Avete scelto l'albergo sbagliato? (Dubito)
5. Avete perso le valigie? (Pensano)
6. Hai già prenotato il volo? (Luisa crede)

GE-12 Ti ricordi? Tu e i tuoi amici ricordate una gita che avete fatto al mare molto tempo fa. Completa le frasi con la forma corretta del congiuntivo trapassato.

1. Credevo che voi _____ (portare) da bere.
2. Luigi pensava che tu _____ (venire) da solo.
3. Non sapevamo che Anna e Luigi _____ (fidanzarsi).
4. Era strano che noi non _____ (portare) il costume da bagno!
5. Sembrava che Marco _____ (finire) la benzina e _____ (dovere) fermarsi per strada.
6. Era incredibile che i miei genitori mi _____ (dare) il permesso di venire.

Il congiuntivo con le congiunzioni

The following conjunctions are always followed by verbs in the subjunctive.

affinché perché	so that
benché sebbene nonostante che	although, even though
a meno che non	unless
prima che	before
a condizione che purché	provided that
senza che	without

Sta facendo molti sacrifici **perché** i figli continuino a studiare.

He is making many sacrifices so that his children continue to study.

Hanno comprato una macchina nuova, **sebbene** non abbiano molti soldi.

They bought a new car, even though they don't have much money.

Questa sera vado al cinema, **a meno che non sia** troppo stanco.

Tonight I will go to the movies, unless I'm too tired.

Prepariamo tutto **prima che** arrivino!

Let's prepare everything before they arrive!

Veniamo a cena da voi, **purché** non lavoriate troppo.

We will come to your place for dinner, provided that you don't work too hard.

Abbiamo fatto una festa a sorpresa per Marisa, **senza che** lei lo capisse.

We had a surprise party for Marisa, without her realizing it.

1. **Perché** can mean *because* or *so that*. When it means *because,* it is followed by a verb in the indicative. When it means *so that,* it is followed by e verb in the subjunctive.

   Mangio perché **ho** fame. — *I'm going to eat because I'm hungry.*

   Lavoro perché **possano** mangiare. — *I work so they can eat.*

2. **Prima che** and **senza che** are followed by the subjunctive only when the subjects of the two clauses are different. When the subject is the same, **prima di** and **senza** + *infinitive* are used.

   Sono arrivati **prima che** io fossi pronta. — *They arrived before I was ready.*

   Ti telefono **prima di** partire. — *I will call you before I leave.*

   Sono partiti **senza che** noi li vedessimo. — *They left without our seeing them.*

   Siamo partiti **senza** vederli. — *We left without seeing them.*

GE-13 Perché. . .? Usa la congiunzione in parentesi per unire le frasi che seguono. Fa' tutti i cambiamenti necessari.

ESEMPIO: Faccio una passeggiata. Piove. (sebbene)
Faccio una passeggiata sebbene piova.

1. Scrivo ai miei cugini. Vengono per la mia laurea. (affinché)
2. Studia con me. Gli spiego la matematica. (perché)
3. Salutiamo i genitori. Partono per le vacanze. (prima che)
4. Compra i biglietti per il concerto. Luisa gli dà i soldi. (purché)
5. Perché suonate il piano? Preferite la chitarra? (benché)
6. Ti presto i miei CD. Tu non me lo chiedi. (senza che)

GE-14 L'opera. Tu ed alcuni amici parlate di andare all'opera. Completa le frasi con una delle congiunzioni della lista.

purché	benché	nonostante
prima che	senza che	a condizione che

1. Pensate che ci siano ancora posti _____ sia l'ultimo giorno?
2. Ho paura che avremmo dovuto comprare i biglietti _____ fosse cosí tardi!
3. Come avremmo potuto, _____ confermassero la data!
4. Pensi che Bocelli canterà _____ abbia l'influenza?
5. Penso di sì, _____ non abbia la febbre alta.
6. Allora, vado io a comprare i biglietti per tutti, _____ mi diate i soldi subito.

Frasi ipotetiche al passato

If sentences that indicate situations no longer possible (*If you had slept better, you would feel fine / If you had seen him, he would have told you*), are expressed in Italian by using **se** + *the pluperfect subjunctive* and the present or past conditional in the result clause.

Sarei di buon umore, **se avessi dormito** di più.   *I would be in a good mood, if I had slept more.*

Se lo **avessimo saputo** in tempo,   *If we had known on time,*
  saremmo venuti a trovarti.   *we would have come to visit you.*

Se Clause	Main Clause
Pluperfect subjunctive	Present conditional
	Past conditional

Note that the conditional is used in the main clause, never after **se**.

GE-15 Troppo tardi! Cambia le frasi seguenti al passato.

ESEMPIO: Se sapessi sciare, verrei con voi.
Se avessi saputo sciare, sarei venuto con voi.

1. Se tu sapessi il prezzo, non lo compreresti.
2. Se parlassimo la stessa lingua, ci capiremmo meglio.

3. Se avesse tempo, ci scriverebbe ogni giorno.

4. Se arrivaste tardi, ci telefonereste.

5. Se potessi farti un favore, te lo farei volentieri.

6. Se volessero, potrebbero benissimo prestarci la macchina.

GE-16 Se. . . Completa le frasi con il tempo corretto del congiuntivo o del condizionale e indica come le cose in passato sarebbero potute andare diversamente fra te e un'amica. Fa' tutti i cambiamenti necessari.

ESEMPIO: Se lei mi avesse chiesto scusa. . .

Se lei mi avesse chiesto scusa, le avrei chiesto scusa anch'io.

1. Le avrei telefonato, se anche lei mi. . .

2. Se lei mi avesse scritto, anch'io le. . .

3. Se fosse passata da casa mia, anch'io. . .

4. Avrei ricordato il suo compleanno, se anche lei. . .

5. Le avrei comprato un regalo di Natale, se anche lei. . .

6. Se lei non avesse parlato male di me, io non. . .

GE-17 Cosa avresti fatto? Prepara una lista di cose che non hai fatto l'anno scorso e indica perché non le hai fatte. Poi scrivi frasi con il **se** per indicare come sarebbero potute andare le cose.

ESEMPIO: fare una crociera

Non ho fatto una crociera. Non avevo soldi.

Avrei fatto una crociera se avessi avuto soldi.

Il congiuntivo dopo il superlativo relativo

A verb in the subjunctive follows the relative superlative.

È **il** ristorante **più caro che ci sia** in città.   *It's the most expensive restaurant that is in the city.*

È **la** città **piu bella che abbia mai visto!**   *It's the most beautiful city I have ever seen!*

GE-18 Il viaggio in Italia. Alcuni amici ti fanno tante domande su quello che hai visto e che hai fatto in Italia. Rispondi usando il congiuntivo con il superlativo relativo.

ESEMPIO: Conosci un buon ristorante a Firenze? (Sabatini)

Sabatini è il ristorante più buono che io conosca a Firenze.

1. Hai visto una bella piazza? (Piazza di Spagna)

2. Hai ascoltato un'opera interessante? (*Aida*)

3. Hai visitato una grande città? (Milano)

4. Hai preso un treno veloce? (L'Eurostar)

5. Hai fatto una vacanza faticosa? (Questa vacanza)

6. Hai visto un affresco famoso a Roma? (Il Giudizio Universale)

Fare + infinito

Fare + *the infinitive* is used to express *to have something done* or *to have someone do something.*

Riparo la macchina.	*I fix the car.*
Faccio riparare la macchina.	*I have the car fixed.*
Si è tagliato i capelli.	*He cut his hair.*
Si è fatto tagliare i capelli.	*He had his hair cut.*

1. Object pronouns usually precede **fare**.

Faccio prenotare il ristorante; **lo faccio** prenotare per le 8 di sera.	*I have the restaurant reserved; I have it reserved for 8 o'clock in the evening.*
Voglio far leggere dei racconti; voglio **farli** leggere per lunedì.	*I want to have some stories read; I want to have them read for Monday.*

2. When the **fare** + *infinitive* construction has only one object, it is a direct object. When the construction has two objects, the *thing* is a direct object and the *person who acts* is an indirect object.

Faccio scrivere Carlo; **lo faccio** scrivere prima di uscire.	*I have Carlo write; I have him write before going out.*
Faccio scrivere le cartoline; **le faccio scrivere** subito.	*I have the cards written; I have them written immediately.*
Faccio scrivere le cartoline a Marco; **gliele faccio** scrivere prima della partenza.	*I have Marco write the postcards; I have him write them before our departure.*
Non vi facciamo vedere film violenti; non **ve li facciamo** vedere mai.	*We won't have you watch violent movies; we never have you watch them.*

3. **Farsi** + *the infinitive* is used to express *to have something done for oneself.* If the person or the name of the person performing the action is expressed, it is preceded by **da**.

Ci facciamo comprare le riviste.	*We have the magazines bought for us.*
Ti fai tagliare i capelli dal parrucchiere.	*You have your hair cut by the hairdresser.*

4. When **fare** + the *infinitive* is used in a compound tense, the past participle **fatto** agrees in gender and number with the direct object. **Farsi** + the infinitive is always conjugated with **essere** in compound tenses.

I giornali? **Li ho fatti** comprare.	*The newspapers? I had them bought.*
Le scarpe? **Me le hanno fatte** misurare in fretta.	*The shoes? They made me try them on in a hurry.*
I capelli? **Se li è fatti** tagliare dal parrucchiere.	*His hair? He had it cut by the hairdresser.*

GE-19 A chi lo fa fare? Usa i seguenti elementi e scrivi delle frasi complete per spiegare chi fa che cosa per le persone che seguono. Usa **fare** + l'infinito.

ESEMPIO: Il professore / scrivere le frasi / studenti
Il professore fa scrivere le frasi agli studenti.

1. La professoressa / fare le fotocopie / la segretaria
2. Il direttore / mandare le mail / me

3. Il fotografo / stampare le fotografie / te

4. La manager / scrivere le lettere / assistente

5. I genitori / lavare i piatti / i figli

6. La dottoressa / fare le analisi / infermiera

GE-20 L'ho già fatto fare. Rispondi alle domande e spiega a chi hai fatto fare le seguenti cose. Usa fare + l'infinito.

ESEMPIO: Hai preparato la torta? (Mario)
L' / La ho fatta preparare a Mario.

1. Hai scritto il tema? (mia sorella)

2. Hai spedito le lettere? (mio fratello)

3. Hai lavato la macchina? (meccanico)

4. Hai comprato i dolci? (Luisa)

5. Hai pagato i biglietti? (un'amica)

6. Hai fatto la prenotazione? (agenzia)

7. Hai pulito la stanza? (Giovanni)

8. Hai fatto i biscotti? (mia nonna)

La forma passiva

In the active voice, the subject of the sentence performs the action.

I cittadini eleggono il presidente?   *Do citizens elect the president?*

In the passive voice, **la forma passiva**, the subject of the sentence is acted upon.

Il presidente è eletto dai cittadini?   *Is the president elected by citizens?*

The passive voice in Italian is formed as in English. It consists of a form of **essere** in the required tense + *the past participle* of the verb. The past participle agrees in gender and number with the subject of the sentence. If expressed, the agent, the person or people performing the action, is introduced by the preposition **da**.

La forma passiva
soggetto + **essere** + participio passato (+ da + persona)

Il presidente **sarà eletto** da tutti i cittadini?   *Will the president be elected by all citizens?*

Il capo del Consiglio non **è nominato** dal presidente.   *The prime minister is not nominated by the president.*

Le elezioni **sono state vinte** dal centrosinistra.   *The elections were won by the left-centrists.*

Penso che questa legge **sia stata scritta** per risolvere il problema della droga.   *I think that this law has been written to solve the drug problem.*

The passive voice can consist of two words in the case of simple tenses (*was read*), or of three words in the case of compound tenses (*had been read*). In compound tenses, both participles agree in number and gender with the subject of the sentence.

Active: Gli italiani **mangiano** la pasta.
Passive: La pasta **è mangiata** dagli italiani.
Active: I ragazzi **avranno mangiato** la pasta.
Passive: La pasta **sarà stata mangiata** dai ragazzi.

GE-21 Cosa è stato fatto? Riscrivi le seguenti frasi cambiando dalla forma attiva alla forma passiva. Fa' tutti i cambiamenti necessari.

ESEMPIO: I partiti formano una nuova coalizione.
Una nuova coalizione è formata dai partiti.

1. Michelangelo ha scolpito il *David*.
2. Botticelli ha dipinto *La Primavera*.
3. Alessandro Manzoni riscrive *I Promessi Sposi* a Firenze.
4. Chi vincerà le prossime elezioni?
5. Il Senato e la Camera dei deputati formano il Parlamento italiano.
6. Gli italiani hanno approvato la costituzione.

GE-22 Le feste natalizie. Un'amica ti chiede chi ha fatto e chi farà le seguenti cose a casa tua. Rispondi alle domande con la forma passiva del verbo e indicando l'agente.

ESEMPIO: Chi prepara la cena di Natale? (mia madre)
La cena di Natale è preparata da mia madre.

1. Chi ha comprato i regali per i bambini? (i miei genitori)
2. Chi ha addobbato l'albero di Natale? (mio fratello)
3. Chi farà i biscotti? (la nonna)
4. Chi preparerà la tavola? (mia sorella)
5. Chi mangia il panettone? (tutti)
6. Chi canta le canzoni natalizie? (una cugina)
7. Chi ha ricevuto molti regali? (mio nonno)
8. Chi porterà i giocattoli ai bambini il 6 gennaio? (la befana)
9. Chi ha cucinato i ravioli? (mio zio)
10. Chi ha portato lo spumante? (gli zii)

Appunti

Appunti

Appunti

Appunti

Appunti

Appunti